AF287383

Herstellung und Verlag:
Books on Demand GmbH, Norderstedt
ISBN 978-3-8423-5568-2

Inhaltsangabe

Inhaltsangabe

Vorwort

Darf ich Ihnen jemanden vorstellen? Das ist Mario Arend, Inhaber einer Finanzdienstleistungsagentur in Koblenz. Er berät unser Unternehmen in Finanzsachen. Er ist erfrischend anders, als seine Kollegen in dieser Branche.

Gesagt hat dies mein lieber Kunde und ebenfalls Buchautor Mathias Wollweber.

Gott sei dank, war dies nicht das einzige Lob, das ich für meine bisherige Arbeit erhalten habe, wohl aber jenes, über das ich mich von allen am meisten gefreut habe.

Warum? Ich bemühe mich stets, meine Kunden individuell zu beraten, vergleichbar mit einem Maßanzug, der nach ihren Wünschen, ihrem Bedarf und Maßen speziell für sie angefertigt wird.

Dieser ist nicht vergleichbar mit einem Anzug, den man sich von der Stange nimmt und in den man hinein schlüpfen MUSS.

Ich möchte Ihnen mit meinem Buch dabei helfen, ebenfalls erfrischend anders zu werden oder aber, es zu bleiben. Die Mittel dazu verrate ich Ihnen nun und wünsche Ihnen viel Spaß beim Lesen und der anschließenden Umsetzung.

1. Auf in die Wohlfühl-Atmosphäre!

„Nichts wird langsamer vergessen als eine Beleidigung und nichts eher als eine Wohltat."

Martin Luther, dt. Theologe

Am Anfang von allem sollte die Bemühung stehen, für Ihre Kunden und Mitarbeiter eine Atmosphäre zu erschaffen, die alle in einer Hochleistungsatmosphäre arbeiten und miteinander umgehen lässt. Wenn sich alle Beteiligten an Ihrem Unternehmen wohl fühlen, haben Sie die perfekte Grundlage dazu gelegt.

Fangen wir einmal mit den so genannten Soft-Skills, oder auch weichen Faktoren genannt, an.

Wussten Sie bereits, dass die Einnahme von Süßem wahrscheinlich das Preisempfinden bei Ihren Kunden verändern wird?

In einem Experiment konnten Wissenschaftler der Zeppelin University Friedrichshafen zeigen, dass nach der Einnahme von Zuckerwasser höhere Preise eher als fair akzeptiert werden.

Bieten Sie Ihren Kunden also immer einen leckeren, frisch gebrühten Kaffee an.

Ebenfalls sollten Sie die italienische Tradition pflegen, ihnen dazu auch ein stilles Wasser zu reichen oder eben eines mit Kohlensäure.

Früher wäre die Alternative eines stillen Wassers nicht nötig gewesen, heutzutage scheint die Kohlensäure-Frage aber essentieller zu werden.

Bei meinem letzten Besuch, anlässlich eines Ölwechsels meines Autos, in einer Kfz-Werkstatt vor Ort, wurde mir ein perfekter Wartebereich demonstriert.

Als ich ein wenig früher, als von der Werkstatt erwartet, dort eintraf, bat man mich sehr freundlich, schon einmal Platz zu nehmen und mir die Wartezeit mit einem leckeren Kaffee und einem Glas Wasser zu versüßen.

Auf einem separaten Tisch fand ich dafür eine schöne Kanne mit frischem Kaffee, Plätzchen und saubere Gläser mit zwei verschiedenen Sorten Mineralwasser. Dazu die aktuelle Tageszeitung, die ich auf einem bequemen Sessel dann in Ruhe gelesen habe: „Besucherherz was brauchst Du mehr?"

Sehr kaufanregend wirken sich auch angenehme Gerüche aus. Achten Sie einmal darauf, wie entspannt Sie in der Sauna bei einem wohlriechenden Aufguss sind. Nicht anders wird es Ihnen bei einem duftenden Badezusatz gehen.

Bereichern Sie Ihr Geschäft mit anregenden oder beruhigenden Duftsubstanzen. So kann man beispielsweise einen Orangenduft für eine angstmildernde Atmosphäre verbreiten. Einen Beleg für diesen Nutzen lieferte eine Studie von J. Lehrner und Kollegen, an der sich 72 Zahnarzt-Patienten beteiligten. Diese füllten Fragebögen aus, während sie im Wartezimmer saßen und dabei entweder normale oder mit Orangenduft versetzte Luft einatmeten.

Die Auswertung ergab, dass Frauen vom aromatisierten Ambiente profitierten: Im Durchschnitt hatten sie weniger Angst, fühlten sich besser und waren entspannter. Wie sich diese Wirkung erklären lässt, ist offen. So könnte es sein, dass der Orangenduft den

Geruch von Sterilisationsmitteln überdeckt und so unangenehme Erinnerungen und die damit verbundenen Gefühle verhindert. Möglicherweise bindet der Orangenduft auch die Aufmerksamkeit, die sich dann nicht mehr mit Angst und Sorgen beschäftigen kann. (J. Lehrmer u.a.: Ambient odor of orange in a dental office reduces anxiety and improves mood in female patients. Physiology & Behavior 2000 (71) 83-86)

Das reicht Ihnen noch nicht? Kein Problem. Gesteigert hat dies eine Zahnarztpraxis aus meiner Region. Diese projiziert mit einer Beamer-Technologie Bilder eines Waldes an die Decke. Die Patienten schauen dann also auf eine beruhigende Waldlandschaft, anstatt auf eine weiße Decke bei der man wahrscheinlich jederzeit denkt: „Fängt der jetzt wohl zu bohren an?"

Auch Farben tragen zum Wohlbefinden bei. Verwenden Sie zum Beispiel Blau-Töne für eine beruhigende und ausgeglichene Stimmung. Hingegen zum Beispiel einen orangefarbenen Ton für eine warme und aktivierende Atmosphäre, die zum Kaufen anregt.

Wenn ich bereits freundlich vom Empfangspersonal begrüßt werde und mir dann in einem angenehmen Wartebereich ein Glas Wasser oder ein Espresso gereicht wird, reagiere ich direkt wesentlich empfänglicher bei anschließenden Verkaufsgesprächen und akzeptiere wahrscheinlich auch eher einen höheren Preis, wenn der Service ihn rechtfertigt.

Natürlich möchte Ihr Besuch dazu auch bequem sitzen. Hier sollten Sie sich für eine gute Mischung aus Design und Funktionalität entscheiden. Nichts ist schlimmer für Ihren Besuch als ein schickes Designer-Sofa, auf dem man aber nicht gemütlich sitzen kann. Das wird sich auch negativ auf die Stimmungslage Ihrer Kunden auswirken.

Das Gegenteil ist aber auch nicht gerade ein Knüller für Ihre Empfangsräume. Stellen Sie sich einmal ein gemütliches Sofa in einem Karo-Look der 70er-Jahre vor. Da stellen sich wahrscheinlich die Nackenhaare Ihres Kunden auf.

Ein Probesitzen in einem gut sortierten Möbelhaus ist also ein Muss. Dabei können Sie sich direkt schon einmal einen Besuch in Ihrer neu geschaffenen Wartelounge vorstellen.

Was halten Sie bei dieser Gelegenheit von einer schönen Musik im Hintergrund? Stellen Sie sich einmal vor Sie liegen beim Zahnarzt Ihres Vertrauens und AC/DC spielt im Hintergrund „Hell's Bells"... Na, schon Zahnschmerzen?

Nichts gegen AC/DC, die ich sehr gerne höre, aber beim Zahnarzt muss es ja wohl nicht gerade sein. Also auf zum Gegenbeispiel.

Vor einer Behandlung hören Sie angenehme instrumentale Klänge, wie die Brandung von Wellen an einer Küste oder beruhigende Töne von Tieren aus dem Urwald, wie sie auch Sauna-Produzenten erfolgreich einsetzen. Sie werden allmählich immer ruhiger und gelassener und gleiten durch diese wohltuenden Klänge in Ihre eigene imaginäre, warme und wohltuende Welt.

Haben Sie sich bereits für Ihre Lieblingsklänge entschieden? Und sagen Sie bitte nicht: „Ja, beim Zahnarzt, da geht das, aber bei mir lässt sich das leider nicht umsetzen."

Natürlich wird die Installation eines guten Audio-Systems beim Einen mehr und beim Anderen weniger kosten. Wenn Sie sich nicht für die Hightech-Lösung entscheiden, dann versuchen Sie es eine Nummer kleiner. Fragen Sie anschließend bei Ihrem Besuch nach der Wirkung. Ich garantiere Ihnen, es wird gut ankommen bei Ihren Kunden.

Eminent wichtig sind auch Ihr gesamtes Ambiente und das damit verbundene Preis/Leistungsverhältnis.

Meine Frau und ich haben uns schon sehr oft darüber unterhalten, welcher Preis in einem Restaurant gerechtfertigt ist.

Eine Kundin meiner Frau betreibt ein schönes Restaurant in einer ehemaligen Mühle. Dort liegen Stoffservietten auf den Tischen und frische Blumen stehen auf jedem Tisch in einer hübschen Vase. Ich weiß nicht wie es bei Ihnen ist, aber ich mag Stoffservietten in zweierlei Hinsicht. Erstens, weil sie ein besseres Gefühl beim Abputzen des Mundes als Papierservietten vermitteln. Zweitens sehen Sie noch dazu wesentlich attraktiver aus.

Wenn man in diesem Restaurant in den Toilettenbereich geht, riecht es dort angenehm und es liegen kleine Handtücher anstatt Papiertücher aus. Wir sind beide stets der gleichen Meinung, dass wir bei diesem Service auch gerne mehr Geld für ein gutes Essen ausgeben.

2. Überzeugen mit dem ersten Eindruck – denn den gibt's nur einmal

„Kleider machen Leute"

Gottfried Keller, schweiz. Dichter & Politiker

Durch Studien ist hinlänglich bewiesen, dass schöne Menschen mehr verdienen und eher Karriere machen. Bei einer Untersuchung von Gerichtsakten kam sogar heraus, dass gut aussehende Angeklagte zu leichteren Strafen verurteilt wurden. Andere Studien brachten zutage, dass schöne Menschen eher Hilfe erhalten, wenn sie in Not geraten.

Achten Sie also darauf, gepflegt und sauber aufzutreten. Das muss noch nicht einmal der Maßanzug und die Krawatte sein, wohl aber ein gepflegtes Paar Schuhe ohne rund gelaufene Absätze und gebügelte und saubere Kleidung. Diese darf auch ruhig preiswert sein. Man sollte sich jedoch gut dabei beraten lassen und sich nicht zu aufdringlich anziehen.

Ich persönlich achte zum Beispiel sehr auf die Schuhe meines Gegenübers. Da scheine ich auch nicht der Einzige zu sein, denn in Gesprächen mit Freunden habe ich schon oft von der gleichen Vorgehensweise gehört.

Die Fingernägel inspiziere ich direkt nach dem Blick auf die Schuhe. Man sollte davon ausgehen, dass sowohl die sauberen Schuhe, als auch frisch geschnittene und vor allem auch saubere Fingernägel bei einer Geschäftsfrau oder einem Geschäftsmann selbstverständlich sein sollten. Das Gegenteil ist mir aber schon oft negativ aufgefallen.

Es kostet nicht viel Zeit ein gepflegtes Äußeres an den Tag zu legen. Vielmehr ist es für Sie ein immens größerer Aufwand, denjenigen, den Sie beim ersten Treffen enttäuscht haben, beim nächsten Aufeinandertreffen vom Gegenteil zu überzeugen.

Ihre Kleidung können Sie auch gezielt für Ihren Gesprächsanlass, beziehungsweise für Ihre Gesprächspartner auswählen.

Wenn Sie sich vorab darüber im Klaren sind, was Sie mit dem Gespräch bewirken wollen, können Sie Ihre Kleidung danach gezielt einsetzen, um eine bestimmte Stimmung damit zu erzeugen, oder diese zumindest zu unterstützen.

Ich gebe Ihnen drei Beispiele dazu:

I) Gespräch über eine große Geldanlage, die sicher platziert werden soll:

Hier empfehle ich Ihnen die Wahl eines klassischen schwarzen Anzugs, Krawatte, gerne mit Weste und Einstecktuch.

Sie vermitteln dadurch Ihrem Gegenüber, dass Sie erfahren, kompetent und seriös sind.

II) Marketing-Vortrag über eine innovative Werbeform, einer neuen Werbeagentur:

Bei diesem Beispiel wäre der schwarze Anzug wohl eher ein Langweiler. Wenn man seine Innovationskraft in den Mittelpunkt stellen möchte, muss man das meiner Meinung nach auch seinen Zuschauern zeigen. Hier sind zum Beispiel passende Turnschuhe zum Anzug oder auch ein freches T-Shirt mit Werbeslogan, das unter dem Anzug hervorschaut, durchaus erlaubt, wenn nicht sogar wünschenswert.

III) Sie möchten in einem Vortrag für einen Kunden die Qualität Ihrer Produkte hervorheben:

Diese Qualität, von der Sie in Ihrem Vortrag sprechen werden, muss man Ihnen förmlich ansehen. Egal, ob Sie einen Anzug, ein schickes Poloshirt zu einer modischen Jeans, oder was auch immer tragen. Bei allem, das Sie den Kunden von sich zeigen, muss er sehen, dass Sie auch bei Ihrer Wahl der Kleidung auf Qualität achten und Ihr Kunde dieses hohe Niveau, beim Kauf Ihrer Produkte wiederfinden wird.

Der letzte Eindruck

Gestatten Sie mir noch ein paar Sätze zum letzten Eindruck, der natürlich auch sehr wichtig ist, denn dieser trägt auch entscheidend dazu bei, wie man seinen Gesprächspartner in Erinnerung behält.

Normalerweise ist die letzte Amtshandlung, die man seinem Kunden gegenüber vornimmt, der Versand der Rechnung.

Schmücken Sie Ihre Rechnung also mit etwas Nettem, das bei Ihrem Kunden einen bleibenden Eindruck hinterlässt.

Als Handwerker, der seinen Kunden oft die letzte Rechnung persönlich übergibt, können Sie zur Rechnung ein kleines Präsent überreichen.

In diesem Fall macht es sich natürlich gut, wenn das Geschenk auch einen Bezug, zu Ihrer ausgeführten

Leistung darstellt. Ein hübsches Kochbuch, zur eingebauten Küche, wäre ein tolles Beispiel.

Wenn Sie Ihre Rechnungen ausschließlich verschicken, können Sie auf dem Postweg eine kleine Aufmerksamkeit dazufügen.

Das muss nichts Wertvolles, sollte aber unbedingt etwas Persönliches sein. Wenn es auch nur eine kleine, handgeschriebene Notiz ist, auf der etwas steht, wie: „Ich habe mich bei der Ausführung der Arbeiten sehr wohl gefühlt, dank Ihrem leckeren Kaffee und bedanke mich recht herzlich dafür."

Ihr Kunde wird Sie so in guter Erinnerung behalten und Sie eventuell sogar Bekannten weiterempfehlen, da Sie sich positiv, gegenüber anderen Unternehmen, abheben.

Mir ist sogar zu Ohren gekommen, dass Firmen, die Mahnungen versandt haben, auf denen kleine, lustige Zeichnungen waren, wie zum Beispiel ein Geldeintreiber, der an de Türe des Kunden klopft, schneller an Ihren ausstehenden Lohn gekommen sind, als andere.

3. „Fachidiot" schlägt Kunde tot

„Die Sprache ist die Kleidung der Gedanken."

Samuel Johnson, engl. Gelehrter und Schriftsteller

Sprache & Gestik

Die Aussage in der Überschrift, in der das böse Wort Idiot vorkommt ist selbstverständlich sehr pauschal und bewusst provokativ formuliert, denn ohne Fachwissen kommen Sie keinen Zentimeter weit im Verkauf und Ihr Handwerk sollten Sie natürlich von der Pike auf beherrschen.

Der deutsche Schriftsteller „Georg Christoph Lichtenberg" war aber bereits im 18. Jahrhundert der Auffassung:

„Der Mann hatte so viel Verstand, dass er fast zu nichts mehr in der Welt zu gebrauchen war."

Nach meiner Meinung ist darin einiges an Wahrheit enthalten. Den Grund dafür sehe ich darin, dass Sie als Verkäufer darauf achten sollten, Ihrem Kunden nicht mit Ihrem Fachwissen imponieren zu wollen. Sie sollten es lieber gezielt an der richtigen Stelle einsetzen.

In den allermeisten Fällen erreichen Sie durch eine emotionale Ansprache wesentlich mehr, anstatt Ihrem Kunden zu demonstrieren, dass Sie alle Fremdwörter Ihrer Branche beherrschen.

Beispiel gefällig? Nur zu gerne:

15

I) Der Theoretiker:

„Guten Tag, Herr Meier ich empfehle Ihnen den Abschluss der Hausratversicherung, Tarif First One mit Top-Schutz und Plus-Deckung ohne Unterversicherungsverzicht, dies hat den Vorteil für Sie, dass wir im Schadenfall keine Abzüge bei einer Unterversicherung vornehmen, wenn wir die Versicherungssumme anhand der Quadratmeter-Wohnfläche ermitteln. Sie haben dann leistungsstarke Deckungsinhalte, denn unsere Produkte entsprechen alle den GdV-Musterbedingungen,...

Ob Ihnen dieser beratene Kunde die Hausratversicherung aus den Händen reißt?

II) Der Praktiker:

„Guten Tag Herr Meier, wissen Sie welche Gegenstände in der Hausratversicherung versichert sind? Vereinfacht gesagt, stellen Sie sich doch bitte einmal Ihr Haus vor. Dieses stellen wir nun auf den Kopf. Alles, was herunter fällt ist in der Hausratversicherung versichert.“

Hier haben Sie Bilder für den Kunden sprechen lassen. Unterstützen können Sie dies noch, indem Sie ihm ein Haus kurz aufmalen.

„Ich möchte, dass Sie nicht mit leeren Händen dastehen, wenn Ihre gesamte Einrichtung beispielsweise durch ein Feuer vernichtet wird. Unsere Absicherung (bewusst nicht Versicherung genannt) beinhaltet eine 24-Stunden-Schadenabwicklung und übernimmt sogar die Kosten der Hotelunterbringung für Sie nach einem Schaden. Mein Wunsch ist es, dass Sie sich absolut sicher fühlen, nachdem Sie sich für diese Absicherung entschließen.

Nun haben Sie das Gespräch bewusst auf die Gefühlsebene des Kunden gehoben und ihm ein sicheres Gefühl versprochen, sofern er den Vertrag bei Ihnen abschließen wird. Die Chancen stehen durch das bewusste Weglassen von Fachausdrücken nun wohl besser für einen Abschluss, meinen Sie das nicht auch?

Verwenden Sie eine einfache, aber bildhafte Sprache. Das erzeugt mehr Emotionen und dadurch auch Kaufbereitschaft bei Ihrem Gegenüber. Sprechen Sie dabei nicht zu schnell und betonen Sie Ihre Kernbotschaften besonders stark. Nach diesen Kernbotschaften sollten Sie immer eine bewusste Pause einlegen. So denkt Ihr Kunde über das von Ihnen Gesagte nach und die Wichtigkeit Ihrer Botschaft wird dadurch hervorgehoben.

Sprechen Sie dabei stets in der Sprache Ihres Kunden, so können Sie sich am besten in seine Position hineinversetzen. Sie bauen so Vertrauen auf, denn der Kunde fühlt: "Der spricht meine Sprache, der hält zu mir."

Stellen Sie sich einmal das Gegenteil vor. Ein vielleicht nicht ganz so gebildeter Mensch kommt in Ihr Unternehmen und Sie überfrachten ihn mit Fremdwörtern, weil Sie einmal zeigen möchten, wie gebildet Sie sind. Die Konsequenz wird sein, dass er Ihnen spätestens nach fünf Minuten nicht mehr zuhören wird und mit seinen Gedanken abschweift. Beim Professor einer Universität wird eine ausgeprägte Eloquenz hingegen durchaus hilfreich sein.

Lernen Sie also situationsbedingt zu agieren und sich

durch Empathie in Ihren Gesprächspartner hinein zu denken.

Bleiben Sie dabei aber stets authentisch und spielen Sie keine Rollen, die Ihnen gar nicht liegen. Ihr Kunde ertappt Sie ansonsten schneller dabei, als es Ihnen lieb ist.

Ich merke stets, dass ich voll im Gespräch dabei bin und mich in meinen Gegenüber hinein gedacht habe, wenn ich anfange, auf gewisse Gestiken meines Gesprächspartners zu achten und sie unbewusst in meine Ausführungen mit ein zu bringen. Wenn sich sein Sitzverhalten von einem aufrechten zu einem eher lockeren Sitz mit übereinander geschlagenen Beinen ändert, ändere ich dies unbewusst ebenso und das ist okay so. Kommt er mir entgegen, kann ich das auch tun, weicht er aber ein Stück von mir zurück, mache ich das ebenso, weil er dadurch seine Sicherheitszone ein wenig vergrößern möchte.

Versuchen Sie also nicht, bewusst Ihren Gesprächspartner zu kopieren, aber achten Sie einmal darauf, ob Sie sich unbewusst Ihrem Gesprächspartner auf der emotionalen Ebene annähern. Wenn Sie dann das Gespräch reflektieren, werden Sie merken, dass Sie dann alles richtig gemacht haben, wenn Sie sich ähnlich wie er bewegt haben.

Verschiedene emotionale Kundentypen

Achten Sie in Ihrem nächsten Verkaufsgespräch einmal nur darauf, wie Ihr Gegenüber seine Gefühle ausdrückt. Dies kann auf mindestens drei verschiedene Arten passieren:

I) Herr Schmitz, ich SEHE wo Sie hin wollen,...

18

II) Herr Schmitz, ich HÖRE Ihren Wunsch heraus,...

III) Herr Schmitz, ich habe das GEFÜHL, dass...

Sie sehen also, dass man Kunden in drei verschiedene Schubladen schieben kann.

I) den visuellen Typ

II) den auditiven Typ

III) den emotionalen Typ

Dies kann man sich, wenn man es erst einmal gemerkt hat, sehr gut zu nutze machen. Dies sollte man auch, denn der auditive Typ springt meistens nicht auf emotionale Botschaften an und so weiter.

Und so setzt man die verschiedenen Formulierungen je nach Typ ein:

I) visuell: „Herr Müller, stellen Sie sich doch einmal vor, wie Sie später in Ihrem Traumhaus auf der Terrasse sitzen und in der Abendsonne mit Ihrer Frau zusammen ein Glas Rotwein genießen."

II) auditiv: „Herr Müller, ich habe Ihnen intensiv zugehört. Habe ich dabei richtig herausgehört, dass Sie eine ruhige Wohngegend bevorzugen?"

III) emotional: „Herr Müller, fühlen Sie sich einmal in die Situation hinein, wie es wäre, wenn Sie in Ihrem idyllischen Haus sitzen und die Wärme des Kaminfeuers sich behaglich auf Ihrer Haut ausbreitet."

Probieren Sie es bei Ihrem nächsten Gespräch doch einfach einmal aus. Sie werden erstaunt sein, in welche neue Bahnen Ihre Dialoge dann laufen werden.

Handlungskategorien

Des Weiteren können Sie Ihre Kunden auch in drei verschiedene Handlungskategorien einteilen:

I) Der Bauchmensch

Er überlässt seinen Gefühlen die Entscheidungsfindung und handelt aus dem Bauch heraus, das heißt oft intuitiv beziehungsweise emotionsgetrieben.

Seine Motive sind oft Geborgenheit oder auch Freundschaft.

II) Der Macher

Ihm reicht es nicht aus, bei Sachen bloß zuzusehen, er muss handeln und alles in die Tat umsetzen.

Er ist risikofreudig und liebt den Wettbewerb.

III) Der Denker

Er muss nicht direkt handeln, sondern geht die Sache lieber strategisch und analytisch an. So verpasst er womöglich die ein oder andere Gelegenheit, ist jedoch dabei dann auch bewusst kein Risiko eingegangen.

Er ist meistens ein Perfektionist und denkt bereits nach, was die Zukunft ihm bringen wird.

Sie haben nun diese drei verschiedenen Handlungstypen kennen und einschätzen gelernt. Nun können

Sie eine spezielle Verkaufstaktik bei jedem Handlungstyp anwenden.

Ich mache es Ihnen einmal anhand eines Beispiels klar:

Sie möchten jedem dieser verschiedenen Menschen einen Sportwagen verkaufen:

Nun sagen Sie zum Denker: „Sie können sich gar nicht vorstellen, wie schnell Sie in diesem Wagen von 0 auf 100 beschleunigen können."

Was wird er Ihnen entgegnen? Vielleicht ein: „Prima".

Wirklich überzeugen können Sie ihn damit auf keinen Fall.

Hier drei „Lösungsansätze":

I) Zum Bauchmensch, der Geborgenheit schätzt:

„Setzen Sie sich bitte einmal ins Fahrzeug, Herr Müller. Merken Sie nun, wie sich das Leder anfühlt? Ich hatte letzte Woche einen Kunden, der mir sagte, dass es in ihm ein Gefühl von Geborgenheit auslöse, wenn er das hochwertige Interieur in Verbindung mit den überall verarbeiteten Airbags sehe."

II) Zum Macher, der sofort handeln möchte:

„Setzen Sie sich einmal rein, Herr Müller. Dann machen Sie eine schöne Probefahrt und achten einmal darauf, wie schnell die anderen Wagen in Ihrem Rückspiegel verschwinden."

21

Dies ist kein Plädoyer für zu schnelles Fahren mit Fahrzeugen, aber ein möglicher Ansatz, einen Macher zu überzeugen.

III) Zum Denker, der sich bereits vor dem Kauf Zukunftsgedanken macht:

„Herr Müller, Sie sehen einen Flitzer vor sich, dessen Kraftstoffverbrauch sich absolut sehen lassen kann. Außerdem hat er von allen aktuellen Sportwagen den besten Wiederverkaufswert.

Holen Sie also jeden der verschieden denkenden und agierenden Kundentypen dort ab, wo er sich besonders wohlfühlt und begleiten Sie ihn auf eine ihm angenehm vorkommende Art und Weise.

Werfen Sie Ihren Kunden nicht ins kalte Wasser

Erklären Sie Ihrem Kunden bereits im Vorfeld, was Sie mit ihm vorhaben, damit er Ihnen während des Gesprächs besser folgen kann. Das geht zum Beispiel so:

„Guten Tag Herr Müller, ich schlage vor, dass ich zuerst mit Ihnen Ihre persönlichen Daten abgleiche. Dann besprechen wir Ihre vorhandene Absicherung und anschließend analysiere ich, ob und was noch zu tun ist, damit Sie lückenlos abgesichert sind. Ist das okay für Sie?"

So weiß Ihr Kunde genau, was Sie mit ihm vorhaben. Er merkt dadurch, dass Sie sehr strukturiert vorgehen und kann diesen roten Faden während Ihres ganzen Gesprächs verfolgen.

Empathie ermöglicht richtiges Fragen:

Ich gehe natürlich davon aus, dass Sie genauso wie ich auch Interesse an nachhaltigen Geschäftsbeziehungen haben und keine verbrannte Erde bei Ihren Kunden hinterlassen möchten.

Auch hier ist es immens wichtig, dass Sie sich dafür in die Welt des Kunden hinein versetzen.

Ich zeige es Ihnen an einem Beispiel aus meiner Branche der Finanzdienstleistung:

Kunde: „Guten Tag, ich möchte ein Haus im Kölner Süden kaufen".

Verkäufer: „Prima, da habe ich gerade ein richtiges Schnäppchen für Sie. Und das direkt vor Ihrer Haustür..."

Hier muss man sich doch als Kunde verraten und verkauft vorkommen, oder nicht?

Hier ein Beispiel, wie man es besser machen kann:

Kunde: „Guten Tag, ich möchte ein Haus im Kölner Süden kaufen".

Verkäufer: "Guten Tag, Herr Meier schön von Ihnen zu hören, ich hoffe Ihnen und Ihrer Familie geht's gut... Was erwarten Sie denn von der Immobilie? Soll Sie als Renditeobjekt zur Vermietung dienen oder möchten Sie das Haus selbst mit Ihrer Familie beziehen?"

Kunde: „ Ich sehe Sie denken mit. Ich benötige die Immobilie als nachhaltige und sichere Kapitalanlage."

Verkäufer: "Was bedeutet das denn genau für Sie? Wie sieht Ihr Anlagehorizont aus und welche eventuellen Mietausfälle, bzw. Reparaturen könnten Sie denn im Ernstfall finanziell kompensieren?"

Kunde: „Sie denken ja auch an alles, darüber habe ich mir noch gar nicht so recht Gedanken gemacht. Ich möchte aber auf jeden Fall ein Haus in der besten Lage, das mir eine hohe monatliche Mieteinnahme garantiert."

Verkäufer: „Ich verstehe, warum ist Ihnen das besonders wichtig?"

Kunde: „Mein Sohn ist in ungefähr 10 Jahren mit dem Studium fertig und wir erwägen, dass er dann in dieses Haus einziehen kann. Wenn dies aber nicht der Fall sein sollte, möchte ich die Immobilie gerne wieder ohne Probleme verkaufen können."

Verkäufer: „Danke Herr Meier, jetzt habe ich alle Informationen von Ihnen und weiß genau, worauf es Ihnen beim Kauf ankommt. Ich stelle Ihnen drei verschieden Exposés von Objekten im Kölner Süden, die für Sie in Frage kommen, zusammen. Sie werden Sie morgen früh per E-mail vorliegen haben, oder ist es Ihnen per Briefpost lieber?"

Sie sehen, es kommt darauf an, dass man sich einfach für die Belange seines Kunden interessiert und dabei authentisch bleibt. Dann stellt man auch automatisch die richtigen zum Ziel führenden Fragen.

Entscheiden Sie nicht für den Kunden:

Zum Thema „richtiges Fragen" gehört auch, dass Sie nicht für den Kunden entscheiden müssen, was für ihn richtig ist, bevor Sie mit ihm über seinen persönlichen Bedarf und seine Wünsche und Ziele gesprochen haben.

Diesen Fehler habe ich in der Anfangszeit meiner Verkaufstätigkeit begangen.

Teilweise war es in meiner Branche Ende der Neunziger Jahre durchaus üblich, mit vorgefertigten Anträgen zum Kunden zu gehen.

Das heißt, man wusste also vor dem Kundenbesuch bereits, was für den Kunden gut ist. Was natürlich rückblickend betrachtet absoluter Unsinn ist.

Die Folge dessen war, dass mit Sicherheit das ein oder andere „größere Geschäft" auf der Strecke blieb, da der Kunde sich ohne den vorgefertigten Antrag durchaus für eine höhere Absicherung, beziehungsweise Geldanlage entschieden hätte.

Verkaufen Sie also stets bedarfsgerecht und machen Sie nicht den Fehler, den Kunden nach seinem Aussehen zu taxieren. Da ist schon so manch einer seinen Vorurteilen erlegen...

Strukturierter Verkaufsleitfaden

Jeder Profisportler hat Trainingspläne, an die er sich akribisch hält, um im Wettkampf erfolgreich zu sein. Er weicht von diesen nicht ab und kann so im Wettkampf seine Trainingstaktiken gezielt umsetzen.

Erarbeiten Sie sich einen strukturierten Verkaufsleitfaden. In diesem legen Sie genau fest, wie Ihr Verkaufsgespräch ablaufen soll.

Natürlich läuft nie jedes Gespräch nach ein und demselben Schema ab. Aber sie haben so ein sehr wichtiges Gerüst, an dem Sie sich jeder Zeit orientieren können, damit Ihr Gespräch systematisch und strukturiert abläuft.

Hier sollten zum Beispiel folgende wichtige Punkte stehen:

- Smalltalk: Hobbys des Kunden und sein Haus oder Auto, etc.
- Notizen machen
- Wünsche & Ziele des Kunden erfragen
- Prioritäten mit dem Kunden ermitteln
- Bedarf ermitteln und anschließend decken
- Lösungsvorschläge visualisieren
- weiteres je nach Bedarf

4. Erfrischend anders beraten

„Ihr lacht über mich, weil ich anders bin.
Ich lache über euch, weil ihr alle gleich seid!"

Kurt Cobain, Musiker & Dichter

Versuchen Sie kontinuierlich, sich von der Masse abzuheben. Niemand wird sich Ihr Gesicht oder die Art Ihres Verkaufs einprägen, wenn Sie wie alle anderen agieren.

Tun Sie hingegen Dinge, die niemand von Ihnen erwartet, wird Ihnen die Aufmerksamkeit Ihrer Kunden gewiss sein.

Verblüffen und helfen Sie. Das können Sie zum Beispiel so angehen:

I. Kundendatenbank

Legen Sie eine umfassende Kundendatenbank an. Jetzt können Sie mit Recht behaupten, dass Sie damit das Rad nicht neu erfinden werden. Der Inhalt dieser Datenbank ist aber wichtig.

Holen Sie Ihren Kunden an dem Punkt ab, der ihm am wichtigsten ist. Haben Sie beispielsweise die Hobbys des Kunden in Ihrer Datensammlung? Gut! Haben Sie auch die Hobbys der Kinder recherchiert und aufgeschrieben? Ich finde diesen Ansatz sehr interessant und er wird es mit Sicherheit auch für Sie sein.

Erstens sind die Sprösslinge der Kunden Ihre Kundschaft von morgen. Zweitens werden Sie es an der Reaktion Ihrer Kunden merken, wie wichtig ihnen ihre Kinder sind, wenn Sie sie zum Beispiel mit dem Satz verblüffen: „Und Herr Müller, wie viel Körbe hat Ihr Sohnemann in dieser Saison bereits für sein Basketballteam geworfen?"

„Alle Achtung!" wird er denken, „dass der Kerl sich das gemerkt hat!"

II. Andere verblüffen

In einem Buch habe ich einmal eine wahre Geschichte über einen angehenden Mitarbeiter in einer Werbeagentur gelesen. Dieser hat keine herkömmliche Bewerbung an diese Agentur geschrieben sondern einen ausgefallenen Bürostuhl zu den Werbefachleuten geschickt. Dabei war ein Zettel, worauf stand: „Dies ist schon mal mein Stuhl, auf dem ich sitzen werde, meine Bewerbung dazu erhalten Sie in den nächsten Tagen."

Er ist angenommen worden und damit meine ich sowohl den Stuhl, als auch das passende Gegenstück in Person des Bewerbers.

5. Von Kindern lernen

„Alle Kinder haben die märchenhafte Kraft, sich in alles zu verwandeln was immer sie sich wünschen."

Jean Cocteau, franz. Schriftsteller

Ich darf es jeden Tag bei meinen bezaubernden Töchtern beobachten:

Für Kinder gibt es keine Grenzen. Heute möchte meine Tochter Sängerin werden und lernt, Lieder auf ihrem Keyboard einzuüben und dazu zu singen. Morgen möchte die andere Tochter Schauspielerin werden und belegt dazu in den Ferien einen Workshop am Kinder-Theater.

Viele Erwachsene denken wahrscheinlich: „Das schaffe ich nicht. Ich kann mich heute nicht so ändern, dass ich morgen etwas ganz anders erreichen werde."

Machen Sie sich von Grenzen, die Sie sich selbst auferlegen, frei. Wenn Sie es nicht wagen, neue (nicht zu) hochgesteckte Ziele anzugreifen, werden Sie es auch niemals erleben, wie es ist, diese zu erreichen.

Warum kennen Kinder keine Grenzen, bei Zielen, die sie sich setzen?

Es liegt wahrscheinlich daran, dass Kinder unheimlich neugierig agieren. Das ist auch logisch, denn viele Dinge haben Kinder auch noch nie erlebt.

Aber diese Neugierde schützt sie vor psychischen Blockaden, die ein Erwachsener vielleicht aufbaut.

Sie müssen nun hingehen und diese kindliche Neugier wieder zurückgewinnen, beziehungsweise neu für sich entdecken.

Die meiner Meinung nach größte Gabe, die uns als Kindern mitgegeben worden ist, ist die Unvoreingenommenheit. Lernen Sie dort wieder anzuknüpfen. Ein Kind macht sich keine Gedanken darüber, ob es sein Ziel erreichen wird, es legt erst einmal los.

Ich meine damit natürlich nicht, dass Sie nun naiv an Ihre Aufgaben herangehen sollen. Natürlich sollten Sie weiterhin strategisch und analytisch vorgehen. Aber bleiben Sie dabei auf jeden Fall unvoreingenommen, mit dem festen Willen und Glauben, das zu verwirklichen, was Sie sich vorgenommen haben.

6. Fluch oder Segen? Ihre Internet-Präsenz

*„Die Welt erwartet Ergebnisse. Sprich nicht über deine
Bemühungen. Zeige ihnen das Baby. "*

Arnold Glasow, amerik. Schriftsteller

Die eigene Homepage ist ein Muss und ein absoluter
Erfolgsfaktor. Sie soll repräsentativ und nach maximal
ca. 3 Sekunden nach dem Aufrufen aufgebaut sein. Bei
einer längeren Ladezeit flüchten laut einer Studie aus
dem Jahr 2010 ca. 57% Ihrer potentiellen Kunden zur
nächsten Internetseite.

Sehr wichtig ist bei Ihrer Homepage der Page-Rank, das
ist die Stelle, an der Sie in einer Internet-Suchmaschine
zu finden sind. Dieser ist durch viele Faktoren
beeinflussbar. Wenn Ihre eigene Internetseite auf vielen
anderen Homepages Ihrer Geschäftspartner, Ihrer
Freunde oder Vereine, in denen Sie aktiv sind, verlinkt
ist und diese Seiten auch sehr oft besucht werden und
auch einen hohen Pagerank haben, ist die
Wahrscheinlichkeit sehr hoch, dass Ihre Homepage
ebenfalls einen vorderen Stellenrang in den
Suchmaschinen belegt.

Schneiden Sie Ihre Homepage auf Ihre Zielgruppe zu:
Wenn Sie eine Seite für Kinder entwerfen, dann machen
Sie sich Gedanken darüber, was Kinder dort vorfinden
möchten, zum Beispiel Gratis-Ausmalbilder zum
Downloaden oder ein kostenloses Lied zum herunter
laden. Das spricht sich in Ihrer Zielgruppe herum und
bringt Ihre Kunden von morgen stets wieder zurück auf
Ihre Seite. Halten Sie Ihre Homepage stets aktuell.
Wenn Sie sie wöchentlich aktualisieren, können Sie
damit niemanden vertreiben, der nach der dritten
Woche, in der nichts Neues auf Ihrer Seite zu finden ist,

nicht mehr wieder kommt. Binden Sie Ihre Interessenten mit einem Newsletter, der auf Ihre Homepage verlinkt, an Sie.

Machen Sie sich intensive Gedanken darüber, was genau Sie mit Ihrer Homepage erreichen möchten. Wenn Sie „nur" eine Online-Visitenkarte erstellen möchten, damit Sie im Internet gefunden werden, müssen Sie nicht so sehr auf Funktionalitäten achten.

Anders ist es, wenn Sie damit neue Kunden werben möchten. Hier müssen Sie einen gewinnbringenden Nutzen stiften. Sie könnten dann zum Beispiel stets aktualisierte Tipps veröffentlichen. Was auch zum Wiederkehren bewegt, sind Rezepte oder Serviceformulare.

Stellen Sie auf jeden Fall auch Ihre Alleinstellungsmerkmale vor. Sie können sich durch Ihren Service, den Sie Ihren Kunden bieten, hier positiv von der Konkurrenz absetzen.

Haben Sie zufriedene Kunden? Gewiss, also bitten Sie diese doch um eine positive Referenz für Ihr Unternehmen und veröffentlichen Sie diese auf Ihrer Homepage. Wenn Sie ein guter Netzwerker sind, können Sie auch Ihre Kunden auf Ihrer Homepage verlinken und kurz auf Ihr Tätigkeitsfeld und Ihre Alleinstellungsmerkmale hinweisen.

Aktive Produkt- und Dienstleistungsgestaltung durch Kunden mit Hilfe Ihrer Homepage

Enorme Chancen bieten sich Ihnen auch in Mitgestaltungsmöglichkeiten Ihrer Produkte oder Dienstleistungen durch Ihre Kunden auf Ihrer Internetseite.

31

Hier gebe ich Ihnen dazu einige Tipps:

1.) Ihre Internetpräsenz als Abstimmungsportal

Sie sind sich trotz der Meinung Ihrer Marketing-Abteilung nicht sicher, ob die Verpackung Ihres neuen Produktes gelb, grün oder vielleicht doch blau sein sollte? Ist die Lieblingsgeschmacksrichtung Ihrer Schokolade in Ihrer Zielgruppe Schoko, Vanille oder doch eher Erdbeere?

Beziehen Sie die Leute mit in Ihre Umfrage ein, die hinterher auch Ihr Produkt kaufen sollen. Sie erreichen das, indem Sie zielgruppengerechte Bonusleistungen und Geschenke für die Abstimmung spendieren.

Natürlich sollten diese Gutscheine, Bonuspunkte oder ähnliches für Produkte oder Dienstleistungen eingelöst werden können, die den Bedürfnissen und Wünschen Ihrer Zielgruppe entsprechen.

Es gibt verschiedene Internetplattformen, auf denen Sie eine solche Umfrage platzieren können. Wenn es nicht Ihre eigene Internetseite sein soll, können Sie es auch auf Facebook, Twitter, XING, oder anderen Seiten platzieren. Ich erwähne diese Seiten, weil Sie einen enormen Verbreitungsgrad erreicht haben und Ihre Umfrageergebnisse dadurch wahrscheinlich recht repräsentativ ausfallen werden.

Ein Unternehmen aus der Schokoladenbranche ging sogar so weit, eine bereits aus dem Programm genommene Geschmacksrichtung, aufgrund der E-Mail-Flut Ihrer Anhänger, wieder erfolgreich einzuführen.

Auch Gewinnspiele im Internet, bei denen zuerst einmal ein paar Fragen zu Ihrem neuen Produkt oder zur neuen

Dienstleistung beantwortet werden müssen, können sehr zweckmäßig für Sie sein.

Der Oberbegriff über diese genannten Aktivitäten nennt sich übrigens „Virales Marketing". Bereits der Name sagt es aus: Es handelt sich um Kampagnen, die sich im Internet wie ein Virus durch E-mails, Blogs, Social-Network-Einträge, Foren, etc. verbreitet.

Mit einem minimalen Zeit- und vor allem Geldaufwand, kann man heute einen maximalen Bekanntheitsgrad erzielen. Zum Beispiel durch Veröffentlichung witziger Werbespots auf Video-Portalen im Internet.

Microsoft hat so beispielsweise in wenigen Wochen, mehr als zehn Millionen dazu bewegt, sich auf einem Online-Video-Portal einen lustigen kurzen Film anzuschauen, bei dem ein Mann, dank einer Riesenrutsche, über dreißig Meter weit durch die Luft fliegt, um anschließend in einem kleinen Kinderplanschbecken zu landen.

Dieser Videoclip war für die Zuschauer so interessant, dass die Erzählung über ihn, sich wie der besagte Virus in atemberaubend schneller Zeit, von Mund zu Mund verbreitete.

Einen riesengroßen Vorteil hat man dabei noch dazu. Die Empfehlungen potenzieren sich nämlich bei dieser Propaganda. Wenn zehn Leute wiederum zehn Leuten von diesem Video erzählen und diese tragen es nochmals an jeweils zehn Bekannte weiter, hat man im Endeffekt mit seiner Werbebotschaft sage und schreibe eintausend Menschen erreicht.

Online-Shop

Wenn man beim Kauf Ihrer Produkte nicht unbedingt auf eine fundierte Beratung durch Service-Personal angewiesen ist, bietet sich vielleicht auch ein Online-Shop für den direkten Verkauf über Ihre Internetseite, für Sie an.

Erfahrungsgemäß sind professionelle Shops auch nicht gerade billig, aber ab einer gewissen Verkaufsmenge, mit Sicherheit ihren Preis wert.

Einkäufer, die mit Hilfe von diesen Online-Shops einkaufen, schätzen die Zeitersparnis und den möglichen Preisvorteil.

Dieser Preisvorteil muss aber gar nicht gegeben sein, denn sehr viele Cyber-Shopper geben effektiv dann doch mehr Geld im Internet aus, als sie es vorher kalkuliert hatten.

Natürlich müssen sich Ihre Produkte auch für den Verkauf im Internet eignen. Dabei sollten Sie vor allem auf Ihre Zielgruppe achten. Ist es auch mit Sicherheit Ihr Kundenklientel, die nicht zu Ihnen in den Laden kommt, sondern lieber zu Hause, von der Couch aus die Ware bestellt?

Natürlich birgt ein Geschäft via Internetseite auch den Vorteil, sich dadurch neue Zielgruppen zu erschließen, die bis dato noch nicht existent waren.

7. Verkaufsgeschultes und beratendes Personal

„Ein Unternehmen lebt nicht von dem, was es produziert, sondern von dem, was es verkauft."

Lee Iacocca, amerik. Top-Manager

Es wird immer wichtiger, dass Ihr Personal auch gleichzeitig verkaufsgeschult ist. Und das nicht nur in den typischen Verkaufsbranchen, wie im Autohandel oder sonst wo. Rein administrativ arbeitendes Personal ist in vielen Fällen sogar überbezahlt. Man sollte es auf jeden Fall auch in den Verkauf mit einbinden, dies aber dann auch honorieren.

Auch der Zahnarzt profitiert davon, wenn seine Zahnarzthelferin den Kunden darauf hinweist, dass durch ein Bleaching die Zähne weißer aussehen könnten. Wenn Sie einen Handwerksbetrieb haben, ist es wichtig, wenn Ihr Personal beim Kunden vor Ort darauf hinweist, dass Inspektionen regelmäßig durchgeführt werden sollten. Gibt es Geräte, die gegen neue ausgetauscht werden können? Ihr Kunde wird Ihnen sogar dankbar dafür sein, wenn Sie ihm gezeigt haben, dass er durch den Austausch auf lange Sicht auch noch Energiekosten sparen wird und der Kauf sich bereits nach wenigen Jahren amortisiert hat. Nehmen wir zum Beispiel einen elektrisch betriebenen Rollladen. Gerade im Alter ist er vorteilhafter als ein herkömmlicher für den Kunden und beschert dem Handwerker wieder einen Mehrerlös.

8. (Selbst)motivation & Ihr eigenes Mantra

„Alles, was die Menschen in Bewegung setzt, muss durch ihren Kopf hindurch; aber welche Gestalt es in diesem Kopf annimmt, hängt sehr von den Umständen ab."

Friedrich Engels, dt. Philosoph & Politiker

Das Wort „Motivation" stammt von dem lateinischen „movere" = bewegen ab.

Wenn Sie motiviert sind so haben Sie also das Bestreben etwas Bestimmtes zu tun.

Das heißt, dass Motivation einen Drang darstellt und immer von innen kommen muss, also nicht durch einen Dritten von außen kommen kann.

Sie können aber die Rahmenbedingungen dazu gestalten, dass bei Ihren Mitarbeitern Motivation entsteht.

Entsteht die Motivation, weil Ihre Mitarbeiter Ihr Arbeitsumfeld mögen, spricht man von der so genannten „intrinsischen Motivation". Besteht die Motivation in einem anderen Anreiz, der nicht direkt mit ihren Aufgaben zu tun hat, spricht man von der „extrinsischen Motivation".

Hier ein Beispiel extrinsischer Motivation aus dem Finanzdienstleistungs-Sektor:

Ihr Verkäufer versucht in einem Beratungsgespräch, ein Produkt zu verkaufen, weil er für den Verkaufserfolg ein Lob von Ihnen erhält.

Die intrinsische Motivation ist natürlich wesentlich besser und auch nachhaltiger, als die extrinsische Motivation.

Also sind finanzielle Anreizsysteme, wie zum Beispiel Provisionen im Finanzdienstleistungsbereich, meistens nicht so erfolgreich wie Systeme, die Ihren Finanzberater den Sinn der Arbeit erkennen lassen oder aber den Spaß an seiner Arbeit erhöhen.

Versuchen Sie also mit aller Macht die Rahmenbedingungen zu schaffen, die es Ihren Mitarbeitern ermöglichen den größtmöglichen Spaß bei der Arbeit zu haben.

Das können zum Beispiel sein:

- Fitness- oder Erholungsbereich
- flexible Arbeitszeiten
- Weiterbildungsmöglichkeiten
- Betriebskindergarten, etc.

Hierzu ein schönes Zitat von Antoine de Saint-Exupery:

„Wenn Du ein Schiff bauen willst, dann trommle nicht Männer zusammen um Holz zu beschaffen, Aufgaben zu vergeben und die Arbeit einzuteilen, sondern lehre die Männer die Sehnsucht nach dem weiten, endlosen Meer."

Hören Sie nie auf, Ihre Mitarbeiter und vor allem sich selbst zu motivieren. Die Selbstmotivation ist noch wichtiger, denn wenn Sie selbst voll bei der Sache sind, strahlen Sie auch automatisch Ihre Kraft auf Ihre Mitarbeiter aus.

Suchen Sie Gespräche mit Ihren Mitarbeitern. Sie haben dabei die einzigartige Chance, auf dem neuesten Stand zu bleiben, was das Betriebsklima Ihres Unternehmens in allen Bereichen betrifft.

Außerdem stärken Sie so die Bindung Ihrer Mitarbeiter an Ihr Unternehmen.

Neue Motivation können Sie aus verschiedenen Quellen schöpfen. Es gibt tolle Bücher, in denen Sie viele Motivationstechniken kennenlernen, die sie prima für den täglichen Gebrauch in Ihrem Unternehmen anwenden können.

Lesen Sie Biographien von erfolgreichen Menschen, wie zum Beispiel dem Dalai Lama, die es selbst schon bewiesen haben, durch Selbstmotivation ihr Leben zu meistern.

Zeigen Sie Ihren Mitarbeitern, dass Sie voll und ganz hinter Ihnen und auch zu Ihnen stehen. Loben Sie sie bei erreichten Zielen und auch bereits bei erfolgreich geführten Telefonaten. Nichts motiviert mehr, als ein ehrlich gemeintes und ausführliches Lob.

Machen Sie es aber bitte nicht so:

Chef im Vorbeigehen: „Prima, weiter so, Frau Schmitz."

Wird Frau Schmitz das nächste Telefonat aufgrund des vermeintlichen Lobs noch einmal so führen?

Versuchen Sie es doch einmal so:

Chef bleibt stehen und sucht den Augenkontakt: „Also, Frau Schmitz, ich habe Sie gerade bei Ihrem Telefonat beobachtet und finde, dass Sie das ganz toll gemacht haben.

- bewusste Pause - Besonders, dass Sie Herrn Müller am Schluss nach seiner E-mail-Adresse gefragt haben, und ihm angeboten haben, unseren Newsletter zu erhalten, damit er keine wichtigen Neuerungen mehr verpasst, haben Sie exzellent umgesetzt."

Erstens merkt Ihr Mitarbeiter, wenn Sie ihm ein so detailliertes Feedback geben, dass Sie sich wirklich für ihn interessieren. Zweitens weiß er genau, was er gut gemacht hat. Das wird er sich für die kommenden Telefonate mit Sicherheit zu Ihren Gunsten merken und erneut erfolgreich umsetzen.

Natürlich dürfen Sie Ihre Mitarbeiter auch kritisieren, aber machen Sie das bitte sachlich und in einem Vieraugen-Gespräch.

Die Kritik sollte immer sachbezogen auf der Basis konkreter Arbeitsergebnisse erfolgen. Benennen Sie dabei den Mangel konkret, damit Ihr Mitarbeiter auch die Chance hat, an seiner Schwachstelle zu arbeiten und sich zu verbessern.

In Bezug auf Ihre eigene Motivation empfiehlt es sich, in Zeiten in denen Sie ruhig und gelassen sind, sich positive Dinge vor Augen zu führen.

Sie können das über den ganzen Tag verteilt, ähnlich einem persönlichen Mantra, anwenden. Das Wort „Mantra" ist aus dem altindischen „Sanskrit" und bedeutet übersetzt soviel wie „Instrument des Denkens".

Es handelt sich dabei um kurze Wortfolgen, die immer wieder flüsternd, in Gedanken, oder wie bei meiner lieben Frau, singend wiederholt werden.

Sie können diese Mantras für die Freisetzung neuer positiver Energie verwenden. Wenn Sie beispielsweise der Meinung sind, dass Sie sich in der letzten Zeit eher unsicher verhalten, könnten Sie stets den Satz wiederholen: „Ich bin ausgeglichen und fühle mich sicher."

Irgendwann wird Ihnen das in Fleisch und Blut übergehen und Sie werden die neue positive Energie freisetzen können, die Sie sich wünschen.

Gerade die Zeit vor dem Einschlafen ist prädestiniert dafür, denn im Schlaf hat Ihr Körper genug Zeit dafür, diese positiven Eingebungen noch einmal zu verarbeiten, so dass Sie dann ausgeschlafen und gestärkt in einen neuen Arbeitstag gehen können.

9. In Bestform in den Verkauf gehen

„Improvisation ist, wenn niemand die Vorbereitung merkt.“

François Truffaut, franz. Regisseur

Ich weiß nicht, wie es Ihnen geht, aber ich bin leider nicht vor jedem Verkaufsgespräch in Höchstform und bis in die Haarspitzen motiviert.

Aber ich tue in letzter Zeit sehr viel dafür so lange wie möglich in Bestform zu bleiben.

Ich möchte Ihnen einige meiner Gewohnheiten, die dazu beitragen sollen, nun vorstellen:

Trinken Sie genügend über den ganzen Tag verteilt. Das sollten mindestens zwei Liter Flüssigkeit, zum Beispiel stilles Wasser oder Tee, sein.

Auf zucker- und koffeinhaltige Getränke verzichte ich persönlich bewusst, da diese den Blutzuckerspiegel nur für kurze Zeit anheben und man sich nach diesem Hoch oft in einem Tal bewegt.

Bringen Sie sich vor einem wichtigen Gespräch in Top-Laune. Bespielen Sie Ihren MP3-Player mit Ihrer Lieblingsmusik und hören Sie diese auf dem Weg zur Arbeit. Sie werden sehen, nach wenigen Momenten verfliegt auch die schlechteste Laune bei diesen wohltuenden Klängen.

Sie sind es sich selbst und auch Ihren Kunden geradezu schuldig, sich vor einem wichtigen Gespräch in Ihren 100%-Zustand zu versetzen.

Stellen Sie sich in diesem „euphorisierten" Zustand bereits folgende wichtigen Fragen:

a) Warum soll der Interessent mein Kunde werden und nicht bei seinem jetzigen Lieferanten bleiben oder bei einem Mitbewerber die Ware beziehen?

b) Welche Produkte hat Ihr Mitbewerber nicht, in schlechterer Qualität oder nur bei schlechterem Service?

c) Welchen (besonderen) Nutzen kann ich meinem zukünftigen Kunden bieten?

d) Woran erkennt der Kunde, dass ich mich gegenüber meinen Mitbewerbern abhebe?

e) Welche Botschaften lassen meinen Mitbewerber blass erscheinen?

f) Was muss ich meinem Kunden bieten, damit er immer wieder auf mein Unternehmen zukommen möchte?

g) „ Ich denke stets positiv von meinen Kunden."

h) zu guter letzt: „Ich agiere gleich sympathisch, emotional, positiv und authentisch!"

10. Konflikte vermeiden oder lösen

„Jede demokratische Gesellschaft, die ihre Konflikte
nicht austrägt, sondern durch Verbotserlasse
konserviert, hört auf, demokratisch zu sein, bevor sie
beginnt, Demokratie zu begreifen."

Günter Grass, dt. Schriftsteller

Zu Konflikten wird es irgendwann immer einmal kommen.

Dies ist auch nicht unbedingt schlimm, denn aus gelösten Konflikten geht man stets gestärkt heraus.

Ihre Aufgabe ist es aber, diese Konflikte zu erkennen und dazu beizutragen, sie zu lösen.

Wenn Sie diese Mediator-Rolle einnehmen und gekonnt einsetzen, gehen Sie sicher, dass kein Streit versteckt ausgetragen wird und zu Mobbing und ähnlichem für

Ihr Betriebsklima schädlichen Verhalten führt. Je früher man Konflikte entdeckt, umso schneller und einfacher kann man sie auch beheben.

Je nach Konfliktart muss auch die Behebung individuell geschehen.

Am besten, Sie suchen zuerst das persönliche Einzelgespräch mit den Beteiligten.

Zur Vermeidung von Konflikten empfiehlt es sich, ein sehr offenes Informationsklima in Ihrem Unternehmen zu etablieren.

Ihre Führungsmitarbeiter und auch Sie als Chef sollten auch stets die Türen im wahrsten Sinne des Wortes für

Ihre Mitarbeiter offen stehen lassen. Das trägt mit Sicherheit dazu bei, Konflikte erst gar nicht entstehen zu lassen, da dann viel eher der Austausch untereinander gesucht und nicht blockiert wird.

Sie sollten getroffene Entscheidungen auch nicht nur in Ihrer Firma publizieren, sondern Sie auch umsetzen. So sehen Ihre Mitarbeiter: Der steht zu seinem Wort – auf den kann ich mich verlassen!

Letzten Endes sollten Sie sich stets darüber bewusst sein, dass Konflikte, die konstruktiv behandelt werden, immer die Chance in sich tragen, dadurch eine noch bessere Unternehmenskultur zu erreichen.

Demokratie anstatt Monarchie

Damit Ihre Mitarbeiter den höchst möglichen Einsatz bringen, müssen Sie ihnen erklären oder besser gesagt implizieren, worauf es Ihnen ankommt. Geben Sie ihnen eine Marschrichtung vor, damit sie sich nicht alleine verirren.

Wichtig dabei ist, dass Sie ihnen Ihre Ziele nicht aufdiktieren. Schaffen Sie eine Unternehmenskultur, in der Ihre Ziele mit Hilfe von klar festgelegten Werten erreicht werden sollen.

Neben klar definierten Werten, die Sie schriftlich an jeden Mitarbeiter ausgeben, empfiehlt es sich, dass Sie mit jedem Mitarbeiter Zielvereinbarungen besprechen und schriftlich fixieren.

Bitte, geben Sie dabei nichts vor und lassen es sich dann einfach von Ihrem Mitarbeiter abzeichnen.

Jeder Mitarbeiter muss diese zusammen mit Ihnen

erarbeiten. Lassen Sie Ihr Mitarbeiter-Team dabei die Initiative ergreifen. Wenn Ihnen deren Ziele dann zu niedrig erscheinen, können Sie in Absprache mit ihnen immer noch nachlegen. Dies hat aber den großen Vorteil, dass Ihre Mitarbeiter sich stets daran erinnern, diese Ziele selbst formuliert zu haben. Bei Nichterreichung haben Sie auch im Mitarbeitergespräch dann eine ganz andere Grundlage.

Ihre Mannschaft wird motivierter zur Tat schreiten, wenn sie sich mit Ihren Unternehmenszielen identifiziert und sie im besten Fall zu ihren eigenen macht. Helfen Sie Ihren Mitarbeitern dabei, Aufgaben zu konstruieren, die ihnen beim Erreichen der Ziele nützlich sind.

Und so könnte diese Vereinbarung mit Ihren Mitarbeitern aussehen:

I.) Stellen Sie zuerst das Unternehmensziel vor, das übergeordnet ist, wie zum Beispiel „bedarfsgerechter Verkauf".

II.) Im zweiten Schritt präzisieren Sie den Zweck dieses Ziels. Erläutern Sie hier vor allem die Vorteile für Ihre Mitarbeiter, die diese Vorgehensweise mit sich bringt. Das können zum Beispiel höhere Provisionserträge oder auch eine höhere Kundenzufriedenheit und eine damit verbundene geringere Kundenabwanderung sein.

III.) Nun ist es an der Zeit Ihre Mitarbeiter mit ins Boot zu nehmen. Fragen Sie: "Wie können wir unsere bedarfsgerechte Beratung forcieren?"

Anschließend können Sie dann noch ein bisschen konkreter werden und fragen: „Mit Ihrer Hilfe schaffen wir das. Wie möchten Sie konkret dazu beitragen?"

IV.) Nun werden Sie von Ihrem Mitarbeiter Vorschläge erhalten, die Sie dann mit ihm zusammen schriftlich festhalten und von Zeit zu Zeit mit den erreichten Zielen im Mitarbeitergespräch abgleichen können.

Da das Thema aber die Demokratie, anstatt der Monarchie ist, empfinde ich es auch als sehr wichtig, dass Sie sich ebenfalls offen, der Kritik Ihrer Mitarbeiter stellen.

Lassen auch Sie sich in regelmäßigen Abständen von Ihren Mitarbeitern bewerten. Die dabei geerntete Kritik wird für Sie sehr wertvoll sein. Sie können so, anhand der Ihnen gegenüber geäußerten Stärken und Schwächen, Ihr Handeln in der Zukunft gezielt ausrichten.

Denn erst, wenn Sie sich selbst führen können und damit Ihre soziale Kompetenz unter Beweis stellen, sind Sie auch dazu fähig, Ihre Mannschaft zu führen.

11. Auszeiten – Inseln der Ruhe im Alltag

„Erholung ist die Würze der Arbeit."

Plutarch, griech. Schriftsteller & Philosoph

Gönnen Sie sich regelmäßige Auszeiten. Sie, Ihre Familie und auch Ihre Kunden haben nichts von einem Arbeitstier, das besessen seiner Arbeit nachgeht und nach dem Motto „Das muss ich alles selbst machen, sonst macht es jemand anders falsch" lebt.

Warum planen Sie nicht einmal einen Nachmittag in der Sauna ein?

Das ist nichts für Sie? Dann entspannen Sie doch beim Yin Yoga. Ich empfehle Ihnen den Blick auf die wundervolle Homepage meiner Frau Stefanie: www.yin-yoga.de oder schnappen Sie sich ein schönes Buch und machen Sie es sich in Ihrer Wohlfühlecke damit gemütlich.

Sie können dadurch Ihren Akku in punkto Kreativität und Kraft wieder auftanken und mit neuem Enthusiasmus wieder an Ihre Arbeit herangehen. Außerdem entwickeln Sie so vielleicht auch neue Ideen, denn die kommen doch bekanntlich dann am besten zum Vorschein, wenn man am entspanntesten ist. Anschließend können Sie immer noch mit erhöhter Schlagzahl wieder loslegen.

Streuen Sie regelmäßige Home-Office-Tage ein, an denen Sie mit Ihren Liebsten mittags gemeinsam essen.

Das stärkt das familiäre Gefüge, aus dem Sie Kraft schöpfen können, denn dort erhalten Sie Ihren Rückhalt.

Ihre virtuelle Sekretärin

Eine Redewendung, die Sie früher mit Sicherheit gerne verwendet haben, können Sie heutzutage nicht mehr so glaubhaft einsetzen:

„Urlaub? Dafür habe ich keine Zeit. Selbstständig sein heißt, stets selbst und vor allem ständig zu arbeiten."

Das ist meiner Meinung nach nicht so. In der heutigen Zeit werden Arbeiten, die man früher selbst absolviert hat, immer häufiger delegiert oder durch fremde Hände verrichtet.

Ein passendes Beispiel dafür sind Unternehmen, die nichts anders machen, als Ihre Arbeiten, während Ihrer Abwesenheit, auszuführen.

Zeitaufwendige und simple Aufgaben kann man heute an diese Unternehmen abgeben, die dann in Ihrem Namen, Ihre Anrufe entgegennehmen und Arbeiten für Sie verrichten.

12. Belohnungen

„Nicht der Beginn wird belohnt, sondern einzig und allein das Durchhalten.“

Katharina von Siena, ital. Mystikerin

Sie arbeiten regelmäßig auf bestimmte Abschlüsse hin und können sich trotzdem bei der Erreichung dieser nicht mehr so richtig freuen?

Belohnen Sie sich, wenn Sie im Ziel angekommen sind. Erstens haben Sie es verdient, denn Sie haben schließlich lange genug dafür gearbeitet und Zeit investiert. Zweitens merkt sich Ihr Gehirn diese Belohnung und wird auch auf dem Weg zur nächsten Zielerreichung zielstrebiger, konsequenter und engagierter zu Werke gehen nach dem Motto: „Aha, wenn ich dieses mal das Ziel erneut erreiche, bekomme ich wieder eine tolle Belohnung“.

Belohnen Sie aber bitte nicht nur sich, sondern auch Ihre Mitarbeiter. Auch für sie ist es ein enormer Motivationsfaktor, bei der Umsetzung dessen, was Sie ihnen aufgetragen haben, belohnt zu werden. Incentives führen erwiesener Maßen zu größeren Erfolgen als ein Geldgeschenk an die Mitarbeiter.

Sie fragen sich warum? Ihr Angestellter wird sich nach einem halben Jahr sehr wahrscheinlich nicht mehr an die Bonuszahlung erinnern. Nun erlebt er aber einen Sonnenuntergang am Meer auf Ibiza, nachdem er am Strand an einem angenehm sonnigen Platz massiert worden ist. Das wird er nie vergessen und es immer in Zusammenhang mit Ihnen bringen.

13. Netzwerken / Networking

Das A und O eines erfolgreichen Unternehmers ist meiner Meinung nach ein gut ausgebautes Netz an Kontakten. Wenn Sie sich Ihr eigenes erfolgreiches Netzwerk aufbauen möchten, sollten Sie stets darum bemüht sein, für Leute die Ihnen nahe stehen, mit denen Sie Geschäfte machen oder auch für Interessenten den bestmöglichen Nutzen zu erzeugen.

Dabei müssen Sie sich stets in die Sichtweise des Anderen versetzen und sich darüber Gedanken machen, welchen gewinnbringenden Nutzen Sie für ihn erzielen können. Anschließend versuchen Sie, mit aller Macht, ihm diesen Nutzen zu bieten.

Dabei ist es gar nicht so wichtig, ob Sie im Endeffekt wirklich diesen Nutzen für ihn erzielen können. Allein, dass Sie versucht haben einen Nutzen für ihn zu erzielen, wird Dankbarkeit in Ihrem Gegenüber auslösen. Das steigert die Chance bei zukünftigen Geschäften, von ihm berücksichtigt zu werden enorm.

Netzwerken können Sie erstklassig in Vereinen oder Verbänden. Bleiben Sie dabei am Anfang verhaltener und vor allem auch hier wieder authentisch und loyal.

Hier spricht gar nichts dagegen, im Gegenteil, es ist geradezu gut, wenn Sie am Anfang eine gewisse Zeit ins Land ziehen lassen, ohne jemanden direkt auf Geschäftsbasis anzusprechen.

Natürlich sollten Sie stets den Leuten Rede und Antwort stehen und sich an Gesprächen beteiligen und den anderen mitteilen, was Sie beruflich machen oder für ihn tun können. Dann werden auch Ihre Vereins- oder Verbandskollegen von alleine auf Sie zu kommen, weil

Sie sich als unaufdringlicher, aber netter Gesprächspartner bewiesen haben.

Treffen Sie sich dagegen beim Essen am Mittag mit einem Vereinskollegen, kommen dadurch oft Anbahnungen oder sogar Geschäfte in einer entspannten Atmosphäre zustande.

Seien Sie dabei stets humorvoll, aber üben Sie sich in Understatement. Sie müssen nicht von Anfang an beweisen, welch toller Hecht Sie doch sind. Mit Sicherheit haben Sie auch das ein oder andere gemeinsame Hobby oder ein gemeinsames Interesse. Wenn Sie das merken, sollten Sie auf jeden Fall dieses Thema forcieren, damit Ihr Gegenüber sich auf Augenhöhe mit Ihnen fühlt.

Sparen Sie an Kritik und äußern Sie sich dafür stets positiv. Wenn Sie dies authentisch betreiben, wird Ihnen das Tor in Richtung neue Netzwerkpartner weit offen stehen.

14. Aus Interessenten werden Kunden

Der Eindruck, den Sie bei einem Telefongespräch hinterlassen, hängt zu 87 Prozent von Ihrer Stimme und Ihrem Ton ab. Nur 13 Prozent des Gesprächsinhaltes bleiben bei Ihrem Gesprächspartner hängen.

In einem persönlichen Gespräch, in dem Gestik, Mimik, Erscheinungsbild, etc. dazukommen, sieht das anders aus: Dort zählen Ihre Körpersprache zu 57 Prozent und zu 36 Prozent Ihre Stimme. Nur 7 Prozent macht auch dort der Inhalt Ihres Vortrages aus.

Die Kaltakquise ist oft die schwierigste Aufgabe für Verkäufer, da das Unternehmen, das wir zum ersten Mal anrufen, noch nie etwas von uns gehört hat.

Gehen Sie dabei folgendermaßen vor:

I.) Unternehmensanalyse

Sammeln Sie möglichst viele Daten über das Unternehmen, mit dem Sie in Kontakt treten möchten: seit wann existiert das Unternehmen, wie viele Mitarbeiter beschäftigt es, wer sind die wichtigsten Kunden des Unternehmens.

Alle diese Daten bekommt man heutzutage wunderbar im Internet und dort auf der Unternehmenshomepage präsentiert.

II.) Der Nutzen Ihres Produkts für den Interessenten

Schreiben Sie sich die wichtigsten Vorteile und Nutzen Ihres Produktes für den potentiellen Kunden auf. Achten

Sie auf Produkthighlights, Serviceleistungen, Garantien, etc.

Formulieren Sie im Detail, wie Sie das Interesse Ihres Gesprächspartners zu 100 Prozent von seinem Tagesgeschäft weg und zu Ihrem Produkt hin lenken möchten.

III.) Faktensammlung

Nun benötigen Sie eine detaillierte Faktensammlung. Diese sollte alle Informationen enthalten, die Sie in Ihren Gesprächen neu erhalten haben.

Ich empfehle Ihnen dabei, die neuen Erkenntnisse zuerst per Hand aufzuschreiben und sie anschließend in Ihre Faktensammlung zu übertragen. Der Vorteil dabei ist, dass Ihr Gegenüber nicht mitbekommt, wie Sie die Daten über Ihre Tastatur eingeben.

Und jetzt kann es auch schon losgehen. Suchen Sie sich ein ruhiges Plätzchen und legen Sie sich eine gute Einwandbehandlung parat. Sie werden merken, dass Ihre Gesprächsführung von Telefonat zu Telefonat besser wird.

Wenn Sie dennoch einmal auf jemanden treffen, der gerade nicht seinen besten Tag hat und meint sie attackieren zu müssen, dann sehen Sie es diesem Menschen nach und nehmen Sie es auf gar keinen Fall persönlich. Auch er hat wahrscheinlich ein großes Arbeitspensum zu bewältigen und wird in diesem Moment aus seiner Arbeit herausgerissen.

Aber: nach jedem „Nein" kommt auch ein „Ja" und das ist Ihre Mühe definitiv wert. Telefonieren Sie immer wieder, wenn Sie sich gut fühlen, so vermeiden Sie die „Aufschieberitis".

IV. *Zeitdieben früh das Handwerk legen*

Sicher ist Ihnen das auch schon einmal passiert: Sie sitzen bei einem Interessenten, mit dem Sie bisher noch keinen persönlichen Kontakt hatten. Um ihn nicht gleich am Anfang zu überrumpeln, legen Sie viel Wert auf Höflichkeit und notieren sich zuerst einmal seine Wünsche an Ihr Unternehmen und Ihre Produkte.

Nach einem ausführlichen Erstgespräch erstellen Sie ihm ein detailliertes Angebot, um dann zwei Wochen später zu hören, dass er sich für das vermeintlich bessere Angebot Ihres Mitbewerbers entschieden hat.

Das ist ärgerlich und passierte mir in meiner Anfangsphase mehr als einmal.

Irgendwann fragte ich mich dann, ob man dieses Szenario nicht abkürzen könne, oder ob das vielleicht zu dreist sei.

Ich bin zu dem Entschluss gekommen, dass man den Interessenten zugleich entgegenkommend behandeln, ihn aber auch verbindlich fragen kann, ob er mir in Aussicht stellen kann, unter gewissen Voraussetzungen, mein zukünftiger Kunde zu werden. Hier sehen Sie die beiden Möglichkeiten, Ihren potentiellen Kunden in die gewünschte Richtung zu manövrieren:

a) „Gehen wir davon aus, dass ich Ihre Bedürfnisse, die ich nun kenne, verwirkliche. Kann Sie dann noch jemand davon abhalten, mit mir ins Geschäft zu kommen?"

b) „Was muss ich dafür tun, dass Sie bei mir zufrieden sind und als Kunde zu meinem Unternehmen wechseln?"

V.) Schaffen Sie eine Kundenakquise für verschiedene Kulturen

Was dem Einen schmeckt, nehmen wir beispielsweise den Deutschen, muss dem Anderen noch lange nicht schmecken.

Die großen Unternehmen haben dies bereits vor langer Zeit erkannt und Ihre Marketingaktivitäten auf verschiedene Kulturen und Nationalitäten ausgerichtet.

Es geht dabei aber nicht darum, dass Sie Ihr Verkaufsmaterial in verschiedenen Sprachen auflegen und einfach den deutschen Text in diverse andere Sprachen übersetzen.

Nein, es geht viel mehr darum, dass Sie sich am Anfang Ihrer Marketing-Kampagne darüber Gedanken machen sollten, wer Ihre Produkte kaufen soll und wen Sie, mit welchem Nutzen und Produkteigenschaften, vom Kauf Ihrer Dienstleistungen oder Produkte überzeugen möchten.

Hier gilt es eine gründliche Recherche zu betreiben, denn was in einem Land gute Sitte ist, kann im Nachbarland bereits Empörung auslösen.

Unternehmen, die in verschiedenen Märkten, die wiederum in unterschiedlichen Ländern beheimatet sind, Handel betreiben, nehmen vorab Standort- und Marktanalysen vor, bei denen auch die Kultur des Verkaufslands genauestens untersucht wird.

Das führt sogar so weit, dass man mitunter in verschiedenen Ländern auch unterschiedliche Logos, oder Claims verwendet, weil zum Beispiel ein gewisses Symbol in China ein schlechtes Omen darstellt und man sich hier in Deutschland gar nichts dabei denkt.

Nehmen wir zum Beispiel das Bild eines Elefanten. Wenn Sie dieses in Deutschland als Symbol auf Schuhe aufnähen lassen, mag das gut und vielleicht sogar verkaufsfördernd sein.

Indische Märkte werden Sie damit aber eventuell nicht erobern, da man es vielleicht nicht gerne sieht, dass dreckige Schuhe mit einem Elefanten in Zusammenhang gebracht werden, der dort ein heiliges Symbol darstellt, da dort viele Götter in Elefantengestalt dargestellt werden.

Ein tolles Beispiel für die individuelle Ansprache von verschiedenen Landsleuten, habe ich erst vor kurzem bei einem Mittagspausen-Spaziergang entdeckt. Ein türkisches Lokal hatte am Fenster ein Plakat eines deutschen Versicherungsunternehmens aushängen, auf dem ein lächelnder, türkisch aussehender Marktverkäufer abgebildet war und auf dem stand:

„Merhaba, die XY-Versicherung spricht auch türkisch..."

Dieses Plakat hat seine Wirkung bei unseren türkischen Mitbürgern mit Sicherheit nicht verfehlt.

VI.) Anderen einen Schritt voraus sein

Ich habe Ihnen in einem vorangegangenen Kapitel bereits von meinem Besuch in einer Autowerkstatt erzählt.

Nicht nur der Wartebereich ist mir dort sehr angenehm aufgefallen.

Als meine Daten, in einem Büro, das sich abgetrennt von der Werkstatt befand, aufgenommen wurden, wurde ich auf einen sehr interessanten Bilderrahmen aufmerksam.

Es war ein digitaler Fotorahmen, wie ich ihn auch in meinen Agenturräumen stehen habe. Aber dieser wurde nicht dazu verwendet, Fotos von Firmenevents zu präsentieren. Er enthielt Angebot, in ansprechender und digitaler Form, die die über die normalen Werkstattangebote hinausgingen. Zum Beispiel fand man dort Fotos von Kleidung des Automobilherstellers oder aber Bobycars für die Kleinsten, die eine perfekte Nachbildung der aktuellen Fahrzeugmodelle darstellten.

15. Ab in den Aufzug – der Elevator Pitch

Der Elevator Pitch ist der kurze Überblick Ihres Unternehmens, Ihrer Dienstleistung, oder aber eine kurze und präzise Vorstellung Ihrer selbst.

Wörtlich übersetzt bedeutet es „Aufzugspräsentation".

Das kommt daher, dass das (Verkaufs)gespräch in der kurzen Zeit einer Fahrstuhlfahrt (ungefähr 30 Sekunden) durchgeführt werden soll.

Es ist dabei sehr wichtig, dass Sie dabei sehr schnell das Interesse Ihres Gegenübers geweckt haben.

Ein probates Mittel ist dabei die bekannte AIDA-Formel, die bereits 1898 von Elmo Lewis beschrieben worden ist:

A =   Attention: Aufmerksamkeit
I =   Interest :   Interesse
D =   Desire: Verlangen
A =   Action: Handeln

Unsere Zeit wird immer schnelllebiger, dadurch wird ein guter Elevator Pitch immer wichtiger.

Wenn Sie sich daran machen, Ihre eigene kurze Vorstellung ins Leben zu rufen, sollten Sie sich zuerst einmal grundlegende Gedanken zu den folgenden Themen machen:

- Ziel

- Alleinstellungsmerkmale oder Besonderheiten der eigenen Produkte oder Dienstleistungen

Seien Sie dann beim Vortragen sehr emotional und füllen Sie Ihren Pitch mit Bildern und einer positiven und zugleich freundlichen Sprache.

Das kann zum Beispiel so klingen:

„Guten Tag, mein Name ist Max Müller, Inhaber der Versicherungsagentur Müller in Köln. Ich habe mich auf die Absicherung von kleinen und mittelständischen Unternehmen spezialisiert.

Für diese Firmen erstelle ich ein detailliertes Risk-Management. Wenn Sie mögen, schauen wir uns Ihr Unternehmen gemeinsam an und ich zeige Ihnen unverbindlich Ihre Risikosituation."

16. Tue Gutes und rede darüber

„Man kann nicht jeden Tag etwas Großes tun, aber gewiss etwas Gutes."

Friedrich Schleiermacher, dt. Philosoph

Wenn es Dinge gibt, die Ihnen wirklich eine Herzensangelegenheit sind, dann handeln und helfen Sie.

Es gibt vielfältige Hilfsprojekte und wohltätige Vereine, die sich über Ihre Hilfe sehr freuen werden.

Ich habe mich bereits für Dunkelziffer e.V. – Hilfe für sexuell missbrauchte Kinder, den World Wide Fund - er engagiert sich zum Beispiel für den Naturschutz und den Artenschutz von bedrohten Tierarten - oder auch meine größte Herzensangelegenheit: die Kinderkrebsstation in einem Koblenzer Krankenhaus, engagiert.

Dort habe ich den Kindern im Winter 2009 Weihnachtsgeschichten vorgelesen, eine Spende meines Unternehmens und dem meiner Frau überreicht und bei dieser Gelegenheit auch noch jedem Kind eine kleine Weihnachtstüte mit Selbstgebackenem und einem kleinen Spielzeug überreicht.

Der größte Dank für mich war der Blick in die strahlenden Kinderaugen. Zu sehen, wie ich den Kindern damit eine Freude gemacht hatte, war die tollste Belohnung, die ich mir vorstellen kann.

Bei all diesen Engagements war und ist es mir wichtig, dass meine finanzielle Hilfe nachhaltig verwendet wird.

Bei Privatleuten sehe auch ich es lieber, wenn um Spenden kein großes Aufheben gemacht wird. Bei Unternehmen sehe ich dies jedoch anders. Meiner Meinung nach ist es nicht unmoralisch, wenn man sein Engagement im Anschluss auch publiziert.

Kommerzielle Ausschmückungen sind hier selbstverständlich nicht angebracht. Eine sachliche Berichterstattung mit Fotos vom Event auf Ihrer Homepage, in der Tageszeitung oder aber im Lokalfernsehen, halte ich aber für eine Imagewerbung, die eine Berechtigung hat.

Unter das Thema „Unternehmerische Gesellschaftsverantwortung" fällt aber noch einiges mehr.

Dies sind alle freiwilligen Aktionen, zu einer nachhaltigen Entwicklung der Wirtschaft, meistens im sozialen oder Umweltbereich.

Dazu zählt auch, dass Sie Ihren Mitarbeitern die best mögliche Work-Life-Balance ermöglichen, das heißt, dass die Vereinbarkeit von Familie und Beruf bei Ihren Mitarbeitern so gut wie möglich ist.

Auch die Chancengleichheit sollte ein großes Thema für Sie sein. Hier zitiere ich aus dem Allgemeinen Gleichbehandlungsgesetz (AGG § 1) in dem es heißt:

„Ziel des Gesetzes ist, Benachteiligungen aus Gründen der Rasse oder wegen der ethnischen Herkunft, des Geschlechts, der Religion oder Weltanschauung, einer Behinderung, des Alters oder der sexuellen Identität zu verhindern oder zu beseitigen."

Wenn der Wert Gleichbehandlung aktiv in Ihrem Unternehmen gelebt wird, bin ich sicher, dass er auch zu einer offenen und freundschaftlichen Unternehmenskultur beitragen wird.

17. Achtsamkeit

„Man sieht nur mit dem Herzen gut. Das Wesentliche ist für die Augen unsichtbar."

„Der kleine Prinz" von Antoine de Saint-Exupéry

Ohne bestimmte Religionen zu bevorzugen oder auch anzupreisen, findet man im Buddhismus einige tolle Grundlagen, die sich auch sehr für eine erfolgreiche Unternehmensführung, aber auch einfach für eine nachhaltige und engagierte Mitarbeit in einem Unternehmen eignen.

Nehmen wir zum Beispiel folgende Lehre aus dem Buddhismus:

„Groll mit uns herumtragen, ist wie das Greifen nach einem glühenden Stück Kohle, in der Absicht, es nach jemandem zu werfen. Man verbrennt sich nur selbst dabei."

In das tägliche Arbeitsleben übersetzt heißt das für mich: „Mund abwischen – weitermachen!"

Was nützt es Ihnen, wenn Sie sich so über Ihren Mitarbeiter aufregen und es womöglich noch nicht einmal persönlich mit ihm klären, dass Sie abends zu Ihrem Ehepartner sagen: „Du, der Müller, der hat mich heute wieder aufgeregt, Du glaubst nicht, was der heute schon wieder angestellt hat..."

Ein solches Verhalten bringt Sie nicht weiter. Es blockiert durch die entstandene negative Energie sogar Ihre Kreativität und bremst Sie und dadurch auch die Mitarbeiter, die Sie führen müssen, aus.

Probieren Sie es doch einmal so:

Sie sehen in Ihrem Autohaus, wie Ihr Verkäufer, Herr Müller, einem Interessenten ein Auto zeigt. Als dieser dann das Auto besichtigt hat, bedankt er sich und verlässt das Geschäft.

Sie beginnen innerlich zu kochen, weil Ihr Mitarbeiter dem Interessenten weder eine Verkaufsbroschüre des Fahrzeugs, noch seine Visitenkarte gegeben hat.

Natürlich können Sie sich nun von der Szene abwenden und Ihren Unmut erfolgreich in sich aufstauen. Da Sie es sich aber zum Leitmotiv genommen haben, achtsam zu sein und stets alles anzusprechen nehmen Sie Ihren Verkäufer beiseite:

„Herr Müller, darf ich Sie bitte einen Moment in Ihrem Büro sprechen?

Mir ist gerade aufgefallen, dass Sie dem Interessenten weder einen Prospekt, noch Ihre Visitenkarte gegeben haben. Habe ich etwas übersehen oder ist dem so?"

Antwort: „Nein, das ist richtig:"

„Wie groß sind Ihrer Meinung nach die Chancen, dass der Herr noch einmal den Weg zu uns findet und das Fahrzeug kauft?"

Antwort: „Das weiß ich nicht, aber es kann schon sein, dass er wiederkommt."

„Setzen Sie sich bitte einmal in das gezeigte Auto Herr Müller."

Ein GROßES Fragezeichen leuchtet auf der Stirn von Herrn Müller, nach dem Motto: „Oh Gott, was will der Chef denn jetzt von mir?"

Aber Herr Müller setzt sich ins Auto und Sie legen los:

„Guten Tag, mein Name ist Peter Schmitz. Das Auto scheint Ihnen zu gefallen, nicht wahr?"

Antwort: „Ja, das stimmt."

„Fühlen Sie einmal das weiche Leder."

Nun machen Sie eine bewusste Pause, um ihm Zeit zu geben.

„Es ist momentan das sicherste Fahrzeug in seiner Klasse und zudem extrem sparsam im Kraftstoffverbrauch."

Nachdem der Interessent (in diesem Fall Ihr Verkäufer, Herr Müller, sich das Fahrzeug ausgiebig angeschaut hat und Sie ihm noch ein paar Details erklärt haben, sagen Sie zu ihm:

„Ich gebe Ihnen eine Mappe mit, in der Sie alle Daten über das Fahrzeug finden. Wenn Sie weitere Infos benötigen, können Sie mich aber auch gerne persönlich anrufen, hier haben Sie meine Visitenkarte. Darf ich Ihnen das Auto für eine Probefahrt an diesem Wochenende reservieren?"

Nach diesem Dialog sollte Ihr Mitarbeiter von alleine darauf kommen, nie mehr einen Interessenten ohne korrekte Ansprache aus Ihrem Geschäft heraus gehen zu lassen.

18. Target Marketing in sozialen Netzwerken

Wenn Sie sich im Bereich Soziale Netzwerke (Social Networks) tummeln, haben Sie hier auch eine sehr gute Chance, gezielt Ihre Produkte zu bewerben.

Verschiedene Netzwerk-Plattformen bieten Ihnen hier

eine Werbung an, die Sie gezielt auf die Profildaten der Nutzer abstellen können.

Der große Vorteil dabei ist, dass Ihre Werbung keine Streuverluste erleidet, sondern nur dann eingeblendet wird, wenn sich jemand gezielt dafür interessiert.

Hier ein Beispiel dafür:

Ein Internet-Nutzer hat bei Interessen „Sauna" und „Schwimmen" eingegeben.

Wenn Sie Anbieter für Badehandtücher sind und dort werben, wird dieser Nutzer nun demnächst nach dem einloggen ein Werbebanner mit Ihren Handtüchern sehen.

Diese zielgerichtete Werbung erhöht also die Rückmeldung auf Ihre Anzeigen, denn Herr Winter, der nicht gerne in die Sauna geht, sondern lieber Fußball schaut, wird nicht Ihre Werbung sondern zum Beispiel eine der örtlichen Bierbrauerei oder ähnliches sehen.

19. Fluch oder Segen II: die E-mail

Spontan kann ich diese Frage gar nicht beantworten, denn diese Antwort hängt stark von meinem Gemütszustand ab.

Wenn ich aus einem einwöchigen Urlaub zurückkomme und trotz Abwesenheitsnotiz und Verweis, meinen Mitarbeiter zu kontaktieren, in einer Schwemme von einhundertfünfzig E-mails unterzugehen scheine, würde ich die Frage wahrscheinlich mit „Fluch" beantworten.

Ich bin aber fest davon überzeugt, dass Sie mit einer guten Pflege und Einstellung Ihres E-mail-Programms die Frage schon sehr bald damit beantworten werden, dass E-mails ein „Segen" für Sie sind.

Fangen wir von vorne an: Bei den eben erwähnten einhundertfünfzig E-mails, die ich ungefähr nach einer Woche Abwesenheit vorfinde, sind ungefähr vierzig E-mails dabei, die auch wirklich beantwortet werden müssen.

„Die Basis einer gesunden Ordnung ist ein großer Papierkorb."

Dieses Zitat stammt von keinem Geringeren, als dem deutschen Schriftsteller und Journalisten Kurt Tucholsky.

Viele E-mails sind auch so genannte junk- oder spam-mails, die man entweder bereits am Betreff erkennt und löschen kann oder spätestens nach dem Öffnen als Werbe-Mails erkennt und anschließend löscht.

Hier kommen Tipps, die Ihnen weiterhelfen werden:

I.) Bitte öffnen Sie niemals Anhänge von E-mails, deren Absender Sie nicht kennen. Egal um welche Art einer Datei es sich handelt. Es können sich immer Trojaner, Viren oder ähnliches dabei in Ihr System einschleusen.

Wobei wir beim ersten und wichtigsten Punkt angelangt sind:

Sichern Sie Ihr System stets gegen Trojaner, Viren und ähnliche Eindringlinge.

Der allergrößte Teil der Spam-Flut wird dadurch verursacht, dass Sie die Einstellungen in Ihrem E-mail-Programm nicht richtig justiert haben. Hier können Sie konkrete Regeln aufstellen, wer Ihnen E-mails mit welchem Inhalt und mit welchem Betreff und so weiter schicken darf.

Wenn Sie diese Einstellungen erst einmal erfolgreich gespeichert haben, wird eine große Menge von E-mails, die Sie nicht empfangen möchten, bereits wegfallen.

II.) Im Geschäftsleben ist es Pflicht und im Privatleben sollte es auch so sein:

Bitten Sie Ihre Geschäftspartner und Freunde darum, Sie niemals bei einer Rundmail in das Feld „Cc..." sondern stattdessen im Feld „Bc..." einzutragen.

„Bc..." steht für „Blindcopy" und wie es der Name bereits sagt, kann so niemand Ihre Kontaktdaten einsehen.

III.) Veröffentlichen Sie Ihre E-mail-Adresse nicht im Original im Internet oder auf Ihrer Homepage sondern in folgendem Format:
mueller(at)mueller.de

Der Vorteil ist dabei, dass Maschinen, die automatisch Ihre E-mail-Adressdaten filtern und für andere Aktionen speichern so nichts mit ihr anfangen können.

Verteilerliste für Ihren E-mail-Newsletter

Johann Wolfgang von Goethe sagte einmal:

„Gebraucht der Zeit, sie geht so schnell von hinnen, doch Ordnung lehrt euch Zeit gewinnen. "

Ein tolles Zitat, das sich auch exzellent in Ihren betrieblichen Alltag umsetzen lässt.

Pflegen Sie Ihre Daten sorgfältig. Dies hat einen sehr großen Nutzen für Sie bei weiteren Aktionen, die Sie durchführen möchten.

Ich habe zum Beispiel im letzten Monat eine E-mail zum Thema Festgeld an alle meine Kunden versandt.

Ohne, dass ich im Anschluss daran der Sache nachgegangen bin, haben sich circa zehn meiner Kunden zu einer Einmalanlage entschieden, die sich sowohl für meine Kunden, als auch für mich finanziell gelohnt hat.

Da ich ein sehr gut organisiertes E-mail-Programm habe, war das für mich noch nicht einmal ein großer Aufwand, aber ein toller Nutzen.

Verwenden Sie in Ihrem Programm verschiedene Kategorien, um es für Sie so übersichtlich wie möglich zu gestalten.

Das könnte zum Beispiel so aussehen:

Ihren Posteingang gliedern Sie auf in diverse
Unterordner wie:

- Kunden
- Lieferanten
- Steuern
- Versicherungen
- Events
- Homepage
- privat
- ...

Dann legen Sie noch einmal Unterkategorien an, wie
zum Beispiel beim Ordner „Versicherungen":

- Wohngebäudeversicherung
- Kfz-Versicherung (privat)
- Kfz-Versicherung (Unternehmen)
- Lebensversicherung
- ...

So verlieren Sie nie den Überblick und haben die
Unterlagen, die Sie benötigen, stets ganz schnell
griffbereit.

Auch bei Ihren Kontaktdaten empfiehlt es sich,
Unterordner anzulegen. So können Sie zum Beispiel
Ihren Kontaktordner „Kunden" folgendermaßen
aufteilen:

- regional und hier noch einmal
- bis 5000 € Umsatz – über 5000 € Umsatz

- überregional und hier auch zerlegt in:
- bis 10000 € Umsatz – über 10000 € Umsatz, etc.

Nachbearbeitung von Terminen durch E-mail-Versand:

Es gibt tolle Funktionen in E-mail-Programmen, die man gezielt für eine effektive Nachbearbeitung von Terminen nutzen kann.

Hier ein Beispiel aus meiner Berufspraxis dazu:

Vor nicht allzu langer Zeit nahm ich montags einen Ersttermin bei einem Neukunden wahr. Die Familie hatte ein Haus einer verstorbenen Kundin gekauft und wollte dieses nun bei mir versichern.

Am Ende des erfolgreichen Termins fragte ich den Kunden nach seiner E-mail-Adresse für unsere Datenbank, die er mir auch bereitwillig gab.

Direkt nach der Rückkehr in meine Agentur schrieb ich dem Kunden eine E-mail, in der ich mich noch einmal für sein Vertrauen bedankte und auf die Service-Leistungen, wie zum Beispiel unsere Mitgliedervorteile, Tipps zur Schadenverhütung, etc. auf meiner Internetseite hinwies.

Mein E-mail-Programm stellte ich jedoch so ein, dass der Versand erst nach vier Arbeitstagen, am Freitagmittag, an den Kunden erfolgen soll.

Nach dem Wochenende rief mich der Kunde an und bedankte sich für meine Nachricht. Er betonte, dass er diese Vorgehensweise toll finde und sie noch nie bei einem Mitbewerber erlebt habe.

Das war doch ein tolles Feedback von meinem Kunden. Also: Probieren Sie es gleich einmal aus, nach Ihrem nächsten Termin so vorzugehen.

20. Kampf gegen die Uhr - Zeitmanagement

„Es ist nicht wenig Zeit, die wir haben, sondern es ist viel Zeit, die wir nicht nutzen. "

Lucius Annaeus Seneca, röm. Philosoph

Immer wieder höre ich von Kunden, Freunden und Bekannten die Aussage „Nein, ich habe dafür keine Zeit."

Ich frage Sie dann stets: „Meinst Du, Du hast keine Zeit oder Du nimmst Dir dafür keine Zeit?"

Dann kommen Sie normalerweise ins Grübeln und antworten mir meistens: „Stimmt, ich nehme mir dafür keine Zeit."

Viel zu oft lassen wir uns durch unwichtige Dinge von den Wichtigeren ablenken und aus Vorgängen, die noch nicht beendet sind, heraus reißen.

Auf einem guten Seminar zum Thema Zeit-Management habe ich einmal einen Film gesehen, der sehr gut veranschaulicht hat, wie man in diese Zeitfalle tappen kann.

Ein Inhaber eines Unternehmens saß an seinem Schreibtisch und war in eine Angebotserstellung vertieft. Nun bekam er einen Anruf eines Freundes, der ihm beiläufig erzählte, wie toll doch sein letzter Urlaub war. „Urlaub! Den wollte ich doch auch noch buchen." dachte nun der Firmenchef und begab sich sogleich auf die Suche im Internet nach einer geeigneten Urlaubsreise.

Es dauerte nicht lange und eine E-mail eines Kunden flatterte in sein Postfach. Er öffnete sie und begab sich sogleich an die Beantwortung dieser.

So ging das Spielchen die ganze Zeit weiter und ehe er sich versah, war es auch bereits Mittag und er fragte sich, was er denn überhaupt den ganzen Vormittag gemacht habe, denn er habe ja noch nicht einmal das wichtige Angebot erstellt.

Erkennen Sie sich darin vielleicht wieder?

Wenn Sie dies verneinen, gratuliere ich Ihnen zu Ihrem guten Zeitmanagement. Wenn Sie sich aber ansatzweise darin erkennen, habe ich hier ein paar hoffentlich wertvolle Tipps für Sie:

I.) Planen Sie Ihre Zeit systematisch und organisiert:

Nicht nur Ihr Arbeitsalltag hat Anspruch darauf, terminiert und in Ihrem Kalender festgehalten zu werden. Planen Sie auch Ihre Familien- und Freizeitaktivitäten fest ein.

II.) Wichtig ist nicht gleich dringend

Ihre Aufgaben können Sie in vier Unterkategorien einteilen:

A = wichtig und dringend

Beispiel: Ihr Kunde, Herr Müller, ruft an: „Wenn Sie mir das Angebot nicht bis morgen erstellt haben, muss ich es bei einem Mitbewerber abschließen."

B = nicht dringend aber wichtig

Beispiel: Die Einladungen für einen Vortrag müssen innerhalb eines Monats erstellt und versandt werden.

C = dringend aber nicht wichtig

Ihre Reinigungskraft benötigt heute noch neues Reinigungsmittel, das Sie besorgen sollen.

D = weder dringend noch wichtig

Das fällt meistens unter die Ablage „P" wie Papierkorb.

Versuchen Sie also, zuerst die A- und dann erst die B-Aufgaben zu erledigen. Die A-Aufgaben sollten Sie in der Regel immer selbst in die Hand nehmen.

Wenn Sie die B-Aufgaben bereits delegieren können, ist das umso besser. Spätestens die C-Aufgaben sollten Sie aber immer an Ihre Mitarbeiter abgeben.

21. Zettel am Bett – die Hoteltaktik

„Wenn Du träumen kannst, dann kannst Du es auch tun.“

Walt Disney , amerik. Filmproduzent & Unternehmer

Wann träumen Sie in der Regel? Richtig, nachts. Behalten Sie alle Träume in Erinnerung? Mir geht es nicht so. Deshalb habe ich es mir zur Gewohnheit gemacht, die Orte, an denen ich am kreativsten bin, mit Zetteln und einem Bleistift zu versehen, um gute Gedanken festzuhalten und sie anschließend auch in die Tat umzusetzen.

Auf diese Idee haben mich viele Hotelbesuche gebracht, die ich absolvieren musste, um an Seminaren und Studiengängen teilzunehmen.

Wenn ich einmal keinen Zettel zur Hand habe, nehme ich einfach mein Handy und spreche dort Stichwörter auf, die ich anschließend in Sätze fasse und analysiere. Im Nachgang versuche ich dann, das Bestmögliche daraus zu machen.

Hier ein Beispiel dafür:

Ein Kollege erzählte mir nach einem Seminar beim Essen von seiner Taktik, Telefonate zu analysieren. Er hatte sich über einen Monat zu allen Telefonaten Notizen in Tabellenform, zum Grund, der Länge und der Antwort-Effektivität des Anrufs gemacht.

Diese Idee überzeugte mich und ich beschloss dies auch für mich umzusetzen. Eingefallen ist es mir dann wieder in derselben Nacht. Ich notierte den Gedanken auf dem

Notizblock auf meinem Hotel-Nachttisch und setzte ihn in der folgenden Woche in meiner Agentur gleich um.

22. Kunden(ver)bindung

„Die Gewohnheit ist ein Seil. Wir weben jeden Tag einen Faden, und schließlich können wir es nicht mehr zerreißen.“

Thomas Mann, dt. Schriftsteller

Wie können Sie loyale Kunden weiterhin an Ihr Unternehmen binden und dabei auch noch neue Kunden gewinnen?

Versuchen Sie es damit:

I.) Gewinnspiele auf Ihrer Internetseite:

Wenn sich Ihre Gewinnspiele erst einmal etabliert haben, „locken" Sie damit Ihre Kunden oder auch Interessenten immer wieder auf Ihre Homepage, weil sie nachsehen wollen, ob ein neues Gewinnspiel das alte abgelöst hat.

Des Weiteren haben Sie die Chance damit Neukunden zu gewinnen. Durch dem Umstand, dass die Gewinnspielnutzer Ihre Seiten durchforsten müssen um wertvolle Lösungshinweise zu ergattern, lernen diese so Ihr Unternehmen und Ihre Produkte kennen und erzählen bei tollen Gewinnen auch ihren Freunden und Bekannten davon.

II.) Gutscheine: Auf Flyern weisen Sie auf Gutscheine hin, die man auf Ihrer Internetseite einlösen kann.

Wenn man diese erst sammeln muss, um ab einem bestimmten Gesamtwert diese bei Ihnen einlösen zu können, beschäftigt sich Ihr Kunde immer wieder mit Ihnen und Ihrer Marke. Dies steigert die Möglichkeit, dass er Sie beim nächsten Einkauf wieder berücksichtigt, enorm.

III.) Rabatt-Hefte, die bei jedem Einkauf von Ihnen für den Kunden abgestempelt werden.

Der Kunde hat bestenfalls Ihr Heft stets in seinem Portemonnaie beziehungsweise seiner Handtasche. Er wird es nicht wegwerfen, wenn er erst einmal damit angefangen hat, Ihre Stempel zu sammeln, um sie ab einer Mindestanzahl gegen ein Geschenk oder eine kostenlose Lieferung einzutauschen.

Ein Tipp für Ihre Praxis:

Ein guter Kunde meiner Agentur hatte kürzlich in der Innenstadt ein Restaurant eröffnet. Er gab zuerst Gutscheinhefte aus, bei denen man ab zehn Stempeln ein freies Essen bekam.

Die Aktion lief schleppender, als er gedacht hatte und wir unterhielten uns darüber.

Ich schlug ihm folgendes vor: „Versuche doch einmal folgendes: Du erweiterst Dein Heft auf fünfzehn freie Stellen, die abgestempelt werden können. Davon stempelst Du aber bereits fünf ab, bevor Du Sie ausgibst."

Die Antwort kam prompt:" Das ist doch das gleiche, das kannst Du vergessen."

Ich überredete ihn aber dazu, die Aktion durchzuziehen.

Nach einem Monat unterhielten wir uns beim Mittagessen in seinem Restaurant über diese Aktion und er sagte mir:

„Das ist echt der Hammer. Ich verkaufe ungefähr fünfzehn Prozent mehr durch diese Hefte, die werden viel besser angenommen als die Alten. Du hattest Recht, meine Kunden denken, sie kriegen nun von vornherein etwas geschenkt."

IV.) Premium-Programme

Sie erschaffen eine neue Kategorie Ihrer Dienstleistung, die Sie Premium, Top VIP oder ähnlich nennen.

Natürlich dürfen Sie dem Kind nicht nur irgendeinen Namen verpassen, sondern Sie müssen Ihr Programm auch mit Inhalten füllen.

Das müssen echte Mehrleistungen für Ihre Kunden sein.

Zwei Beispiele hierfür:

I) Der VIP-Waschservice

Besondere Kunden, die bei bestimmten Produkten dafür auch einen gewissen Mehrbeitrag zahlen müssen, bekommen von einem befreundeten Kollegen in der Zeit, in der sie beraten werden, mit ihrer Einwilligung die Schlüssel ihres Autos abgenommen. Der Kollege sagt dann meistens: „Darf ich bitte einmal kurz die Schlüssel Ihres Autos haben, wir leisten einen besonderen Service für Sie." Anschließend bekommen Sie es wieder frisch gewaschen zurück.

Können Sie sich vorstellen, wie groß die Augen sind, die Ihre Kunden nach solch einem Erlebnis machen werden?

II) Business-Class-Lounge

Kunden bestimmter Airlines dürfen, wenn Sie Business-Class fliegen, sich dafür am Flughafen in separaten Lounges auf bequemen Ledersesseln mit „kostenlosem" frisch gebrühtem Espresso, feinem Gebäck und Fingerfood verwöhnen lassen.

23. Lernen Sie immer nur von den Besten

„Der Mensch hat dreierlei Wege, klug zu handeln: erstens durch nachdenken, das ist der edelste, zweitens durch nachahmen, das ist der leichteste, und drittens durch Erfahrung, das ist der bitterste."

Konfuzius, chin. Philosoph

Als ich meine jetzige Agentur übernommen habe, war mir klar, dass ich, um erfolgreich zu sein, zuerst sehen muss, wie die erfolgreichen Agenturen in meiner Branche agieren.

Ich pickte mir also drei der besten und etabliertesten Agenturen heraus und fragte deren Inhaber, ob ich dort jeweils einen Tag hospitieren dürfe.

Sie waren von meinem Einfall positiv überrascht und stimmten direkt zu. Dort angekommen schaute ich mir intensiv das Tagesgeschehen im Betrieb an und fragte sehr oft nach den Gründen, warum manche Arbeitsvorgänge so erledigt worden sind, wie ich es gerade gesehen hatte.

Ebenfalls machte ich mir zu allen Abläufen Notizen und besprach sie mit den Inhabern. Mir war wichtig Ihre

Denkweise zu kennen, denn nur dann konnte ich alle Herangehensweisen auf mein zukünftiges Unternehmen projizieren. Ich zehre heute noch von den wertvollen neuen Erfahrungen, die ich damals machen durfte und bin meinen Kollegen dafür sehr dankbar.

24. Auf dem Präsentierteller der Öffentlichkeit - Public Relations

„Wenn ein junger Mann ein Mädchen kennenlernt und ihr erzählt, was für ein großartiger Kerl er ist, so ist das Reklame. Wenn er ihr sagt, wie reizend sie aussieht, so ist das Werbung. Wenn sie sich aber für ihn entscheidet, weil sie von anderen gehört hat, er sei ein feiner Kerl, so sind das Public Relations."

Heinrich Alwin Münchmeyer, dt. Unternehmer

Dem Spruch über die Wichtigkeit einer gekonnten Öffentlichkeitsarbeit wäre eigentlich nichts hinzuzufügen. Betrachten wir die Sache aber einmal im Detail.

Sie können ein noch so guter Unternehmer mit dem tollsten Produkt oder der besten Dienstleistung der Welt sein. Wenn man Sie oder alles das, was hinter Ihnen steht, nicht kennt, werden Sie höchstwahrscheinlich erfolglos bleiben.

Es gilt also eine Maschinerie an Öffentlichkeitsarbeit ins Rollen zu bringen.

Auf die bekannteren Arten der PR, wie zum Beispiel: Zeitung, Fernsehen, Radio und so weiter möchte ich an dieser Stelle verzichten, ohne ihre Wichtigkeit damit abzuwerten. Mir liegt es aber am Herzen, Ihnen andere PR-Werkzeuge aufzuzeigen, die Sie vielleicht noch nicht kennen.

Welche Maßnahmen können Sie also für eine erfolgreiche Öffentlichkeitsarbeit ergreifen?

I.) Mund zu Mund-Propaganda

Einer meiner Lieblingssprüche ist: „Wenn Ihnen meine Beratung nicht gefallen hat, dann sagen Sie es mir bitte. Wenn Sie Ihnen aber gefallen hat, würde ich mich freuen, wenn Sie es weitererzählen."

Nichts ist günstiger und zu gleich so effektiv, wie die Mund zu Mund-Propaganda. Jemandem, der uns nicht nahe steht, erzählen wir nicht von unseren Erfahrungen, es handelt sich also immer um Vertraute wie Verwandte, Freunde, Arbeitskollegen und so weiter.

Diese wiederum gewichten ihr Wort in der Regel höher als das von einem Außenstehenden. Man erhält in diesem Fall Vorschusslorbeeren aus berufenem Munde und das ist das Beste, was man bekommen kann.

Achten Sie daher stets auf die Zufriedenheit Ihrer Kunden. Fragen Sie sie offen nach Verbesserungsvorschlägen und ihren Wünschen an Sie. Wenn Ihre Kunden mit Ihnen nicht zufrieden sind, erzählen Sie dies nämlich schneller an vertraute Menschen weiter, als Ihnen lieb ist. Diesen Bumerang spüren Sie in Windeseile in Ihrem Genick. Aber Sie wissen ja nun, worauf es ankommt.

II.) PR-Aktionen

Beim allwöchentlichen Samstagseinkauf unserer Familie im Drogeriemarkt bestaunen wir oft die tollen PR-Highlights.

Mal werden die Kinder während des Einkaufs geschminkt, beim nächsten Einkauf dürfen sie etwas basteln. Man kann also als Elternteil seine Einkäufe in Ruhe erledigen.

Die tollste Aktion fanden wir aber bei unserem letzten Einkauf vor.

Vor einem schönen Panoramabild aus einem Himmel mit Luftballons konnte sich unsere jüngste Tochter fotografieren lassen. Das hübsche Foto wurde direkt ausgedruckt und inklusive einem schicken Ständer an die stolze junge Dame übergeben. Logisch, dass man dann am Wochenende auch schon einmal gefragt wird. „Gehen wir wieder dahin?"

III.) PR-Plattformen im Internet

Es gibt diverse Internetseiten, auf denen man seine PR kostenlos platzieren kann. Nutzen Sie diese Gelegenheit um zwei Fliegen mit einer Klappe zu schlagen: Zum einen steigern Sie Ihren Bekanntheitsgrad durch einen qualifizierten Artikel, den weltweit jeder im Internet lesen kann.

Zum anderen steigern Sie dadurch Ihren sogenannten „Pagerank" in Suchmaschinen, das heißt durch die Verlinkung Ihrer Homepage, die Sie in Ihrem Artikel angegeben haben, werden Sie eher in Internet-Suchmaschinen gefunden.

IV.) Einbindung der Jahreszeiten in Ihr Marketing

Der Fisch muss bekanntlich dem Wurm schmecken und nicht dem Angler.

Unter diesen Gesichtspunkten hat sich ein, in meiner Gegend ansässiges, großes Bäckerei-Unternehmen, darüber Gedanken gemacht, was ihren Kunden, zu welchen Jahreszeiten am besten schmeckt.

Der Inhaber präsentierte mir diese Auswertung mit vollem Stolz und dies zu Recht, wie ich finde.

Er verarbeitet im Frühjahr, Möhren in seinen Broten. Im Herbst sind es Kartoffeln und im Winter vorwiegend Nüsse. Diese Einstellung auf die verschiedenen Geschmäcker, die sich bei seinen Kunden analog der Jahreszeiten entwickeln, hat ihn sehr erfolgreich gemacht.

Ein anderes Beispiel von Marketing, das sehr gut die aktuellen Jahreszeiten einbezieht, bringt uns wieder zurück zum Autohaus, bei dem ich nur durch folgende Aktion gelandet bin.

In einer lokalen Wochenzeitung fand ich einen schönen Adventskalender vor, der hinter jedem Türchen eine

Aktion verbarg, bei der man, im Vergleich zu den herkömmlichen Preisen, einiges an Geld sparen konnte.

In meinem Fall sparte ich bei einem Ölwechsel an die 150 Euro gegenüber dem Normalpreis.

Ich fragte natürlich in der Werkstatt nach, wie die Resonanz auf diese Aktion sei. Mir wurde versichert, dass es der Renner sei und man bereits sehr viele Neukunden dadurch gewonnen habe.

25. Kooperationen

„Zusammenkunft ist ein Anfang. Zusammenhalt ist ein Fortschritt. Zusammenarbeit ist der Erfolg."

Henry Ford, amerik. Unternehmer

Eine Kooperation sollte einen Nutzen für Sie und den anderen daran Beteiligten haben. Es gilt dabei durch eine kontinuierliche Zusammenarbeit, die manchmal sogar in einem Zusammenschluss mündet, Synergien zu nutzen.

Meistens arbeiten dazu Unternehmen zusammen, die recht ähnlich aufgestellt sind oder zumindest in ähnlichen Branchen tätig sind.

Sinnvoll wäre zum Beispiel eine Kooperation des Zahntechnikers mit dem Zahnarzt. Hier kann der Zahnarzt seine Materialien vom Zahntechniker beziehen, der wiederum den Zahnarzt weiterempfiehlt.

In meiner Branche gibt es häufig Kooperationen zwischen Versicherungsagenturen und Steuerberatern.

Einen Schritt weiter gehen manche Unternehmen, indem sie ihre Firmensitze zusammenlegen. Der Physiotherapeut bekommt seine Praxis im Fitnessstudio oder die Kosmetikerin im Hotel. Auch das sind klassische Win-Win-Situationen, denn beide profitieren voneinander und generieren so im besten Fall auch einen höheren Umsatz.

Beide haben hierbei natürlich die berechtigte Erwartungshaltung „quid pro quo". Das heißt jemand der gibt, erwartet, dass er hiefür auch etwas zurückerhält.

Zur Form der Kooperation gehören auch Einkaufsgemeinschaften, die durch den Zusammenschluss und die damit verbundene höhere Anzahl der Besteller, bessere Konditionen bei ihren Einkäufen erhalten.

Prüfen Sie, ob Sie die Möglichkeit haben, sich einer Interessengemeinschaft anzuschließen. Sie werden dabei den Vorteil haben, dass Werbemaßnahmen durch die Vielzahl der Vertretenen wesentlich bezahlbarer werden. In der Regel treten Sie auch mehr in den Vordergrund, da viel größere Werbeflächen durch die größere Kaufkraft der Gemeinschaft in den Werbemedien eingenommen werden können.

Ihre Einkäufe werden die Personen, die in dieser Gemeinschaft involviert sind, auch nicht außerhalb tätigen, wenn das Gesuchte innerhalb angeboten wird. Schon viele Unternehmen sind durch diese Seilschaften, und das ist nicht negativ gemeint, erst so richtig gewachsen.

26. Rhetorik-Training

„Für eine gelungene Rede gebrauche gewöhnliche
Worte und sage ungewöhnliche Dinge."

Arthur Schopenhauer, deutscher Philosoph

„Ich bin der Meinung, dass man jedem, der das 70. Lebensjahr überschritten hat, den Führerschein per Gesetz entziehen sollte..."

PAUSE

„Diese Äußerung habe ich einmal von einem Bekannten gehört. Ich persönlich bin der Meinung, dass diese Aussage viel zu pauschal ist und man sich die Sache nicht so einfach machen darf."

Diese Rhetorik-Technik habe ich bei einem sehr guten Rhetorikseminar der Firma „Wortkraft" von Volker Hoffmann gelernt. Die Möglichkeit, seine Rede mit einer provozierenden These anzufangen, um direkt die Aufmerksamkeit seiner Zuhörer zu gewinnen.

Aber ich fange erst einmal etwas früher an.

Mir wurde das Talent, brillante Reden zu halten und vor einem großen Publikum zu überzeugen, nicht in die Wiege gelegt.

Noch heute bin ich sehr nervös zu Beginn einer Rede. Diese Nervosität fällt aber Gott sei Dank durch Techniken, die ich bei Volker Hoffmann von „Wortkraft" gelernt und dann später in der Praxis angewendet habe, sehr schnell von mir ab.

Eine gute Rede kann man in drei verschiedene Bereiche gliedern:

I.) Der Start:

Hier benötigen Sie direkt einen Einstieg, der Ihnen die volle Aufmerksamkeit Ihrer Zuhörer einbringt.

Dafür gibt es verschiedene Mittel. Diese könnten sein:

- ein bekanntes Zitat
- eine provozierende Frage oder These
- eine aktuelle Nachrichtenmeldung

II.) Die Struktur

Am geschicktesten ist es, Ihre Rede mit einer Frage einzuleiten.

Zum Beispiel: „Sind alle Investmentfonds mit einem großen Anlagerisiko verbunden? Dieser Frage werden wir nun auf den Grund gehen."

Gehen Sie dann dazu über, die Frage durch drei Aspekte zu beleuchten:

1. unterliegen Investmentfonds bei einer Anlagedauer von über 10 Jahren keinem hohen Risiko...

2. minimiert man das Risiko durch monatliche Zahlungen und den dadurch entstehenden Cost-Average-Effekt...

3. begrenzen Sie das Risiko gegenüber direkten Aktienanlagen durch die Streuung des

Investments in verschiedene Aktien und Anleihen...

Wenn Sie Ihre drei Aspekte nun intensiv dargestellt haben, können Sie zum Resultat übergehen.

III.) Das Resultat

„Sehr verehrte Gäste, Sie sehen also, dass Investmentfonds gegenüber alternativen Anlageformen, bei denen Sie die Chance haben, einen in etwa gleich hohen Ertrag zu generieren, gar nicht so risikobehaftet sind, wie Sie es am Anfang meines Vortrages vielleicht dachten.

Ich bedanke mich bei Ihnen ganz herzlich für Ihre Aufmerksamkeit und wünsche Ihnen für Ihre Zukunft alles Gute. Ich würde mich sehr freuen, Sie demnächst persönlich zu diesem Thema beraten zu dürfen."

Techniken während Ihrer Rede

Jetzt haben Sie bereits einiges darüber erfahren, wie Sie Ihre nächste Rede halten können. Nun gebe ich Ihnen noch ein paar Tipps mit auf den Weg, die Sie während Ihres Vortrags anwenden können:

I.) Die Augen:

Halten Sie stets den Blickkontakt zum Publikum. Wenn sich unter Ihre Zuhörer mal jemand verloren hat, der missgelaunt oder müde ausschaut, dann verlassen Sie ihn direkt wieder und nehmen Blickkontakt mit dem nächsten Gast auf, der interessierter wirkt.

II.) Die Gestik:

Übertreiben Sie es nicht mit einer ausschweifenden Gestik. Bei Politikern können Sie es immer wieder beobachten, dass diese sich am Rednerpult bewusst abstützen oder festhalten. Aber was Sie auch von manchen Rednern lernen sollten: Bei wichtigen Passagen in Ihrer Rede sollten Sie Ihre Gestik gezielt einsetzen.

Wenn Sie Ihren Zuhörern beispielsweise von einer Reise erzählen, bei der es angenehm warm war, dann krempeln Sie sich doch einfach während dieser Erzählung bewusst die Ärmel Ihres Hemdes hoch.

III.) Der feste Stand

Laufen Sie nicht wie ein aufgescheuchtes Huhn durch den Saal, sondern bieten Sie Ihrem Publikum den Halt, den es benötigt und festigen Sie Ihren Stand. Selbstverständlich müssen Sie nicht während Ihres ganzen Vortrags auf ein und demselben Punkt stehen bleiben. Sie sollten allerdings immer wieder dort hin zurückkehren.

IV.) Atempausen

Sie können durch gezieltes tiefes Ein - und Ausatmen Ihre Nervosität mildern.

Aber nicht nur aus diesem Grund sollten Sie immer wieder gezielte Atempausen einlegen. Wenn Sie in einem Atemzug wie ein Wasserfall reden, können Ihre Zuhörer sehr leicht die Orientierung verlieren.

Wenn Sie aber gezielte Pausen einbauen, ist Ihr Vortrag strukturierter und Sie schaffen es dadurch, dass wichtigen Punkten, die Sie ansprechen, mehr Beachtung geschenkt wird.

Hier ein Beispiel dafür:

„Während meines letzten Vortrags berichtete ich über den Ertrag, den man mit deutschen Bluechips-Aktien in den letzten 10 Jahren erwirtschaften konnte. Es waren nicht weniger als 10 Prozent Rendite.

PAUSE

10 Prozent Rendite, meine Damen und Herren. Nun höre ich mir von Ihnen gerne Gegenbeispiele an, von Investments, bei denen man ebenfalls eine derartige Rendite erreicht hat bei gleichem Risiko."

Durch diese Pause haben Sie Ihren Zuhörern die Chance gegeben, sich noch einmal in Ruhe, das was Ihnen wichtig war, durch den Kopf gehen zu lassen. Sie können Ihrem Vortrag nun besser folgen und befassen sich wesentlich emotionaler mit dem Gesagten.

V.) Bildhaft reden

Sie müssen Ihre Zuhörer fesseln, mit dem, was Sie sagen. Das können Sie nicht, indem Sie alles aus Ihrer Sicht erzählen und sich denken: „Die werden schon wissen, wie ich das meine."

Sprechen Sie daher in Bildern zu Ihrem Publikum.
Sagen Sie nicht: „Morgens gehe ich Golf spielen, ich empfehle Ihnen, das auch einmal zu tun, denn Sie wissen ja, wie schön das ist."

Sondern: „Ich nehme Sie jetzt mit auf eine Reise zum Golfplatz: Es ist frühmorgens, direkt nach dem

Sonnenaufgang an einem schönen Sommertag.
Der Tau auf dem Gras schimmert und die Vögel
zwitschern. Es wird immer wärmer und angenehmer.
Manchmal sieht man einen Hasen davon hoppeln und
das Wasser rauscht an manchen Bahnen und man hört
Frösche quaken."

Ihr Zuhörer kann sich nun in die Situation hineindenken
und vor allem aber hineinfühlen.

Bei allen besprochenen Punkten, sollten Sie stets das
Ziel Ihrer Rede nicht aus den Augen verlieren.

Sie müssen bereits am Anfang Ihrer Rede wissen, mit
welchem Gefühl Sie Ihre Zuhörer, nach Ihrer Rede,
wieder alleine lassen möchten.

Das können ganz verschiedene Gefühle sein, deren
Erzeugung Sie aber nie dem Zufall überlassen sollten.

Folgende, finale Gefühle können Sie zum Beispiel
bewusst erzeugen:

- Sicherheit: „Jetzt fühle ich mich sicher."
- Interesse: „Da möchte ich unbedingt mehr
  drüber erfahren."
- Nachdenklichkeit: „Ich glaube das stimmt, ich
  muss meine Entscheidung noch einmal
  überdenken."
- Angst: „Ich sollte etwas unternehmen, damit ich
  nicht weiter Angst haben muss."
- Schuld: „Ich werde morgen Geld spenden, weil
  ich mich schuldig fühle, wenn ich weiterhin
  nichts tue."

- Selbstwert: „Eine tolle Rede. Sie hat mein Gefühl gestärkt, ein wertvoller Mitarbeiter zu sein."

- Lust: „Das muss ich haben. Ein tolles Produkt ist das."

Diese aufgezählten Gefühle werden Sie aber nur erzeugen können, wenn Sie Ihre Rede emotional halten.

Verwenden Sie dazu eine freie Sprache, und vermeiden Sie dabei das Ablesen von Aufzählungen nach Gedankenstrichen. Überlassen Sie das lieber zweitklassigen Rednern, die mit ihren Powerpoint-Präsentationen ihre Zuhörer zum Einschlafen bringen.

27. Don´t worry, be happy!

„Unwillig klagst du und willst nicht einsehen, dass bei allem, was du beklagst, nur eines von Übel ist: dein Unwillen und deine Klagen. Nur ein Unglück gibt es für einen Menschen, nämlich dass es Dinge in seinem Leben gibt, die er als Unglück ansieht."

Lucius Annaeus Seneca, röm. Philosoph

Das Thema (be)klagen habe ich ja bereits im Hinblick auf Ihre Mitarbeiter angesprochen. Hier lohnt es sich, dass Sie stets eine offene Aussprache suchen.

Aber bei Ihrem eigenen Wohlergehen verhält es sich ganz genau so. Natürlich können Sie sich mal für einen Moment den Frust von der Seele reden, wenn Sie sich über etwas ärgern. Hier sollten Sie jedoch erkennen, ob Sie etwas an der Situation ändern können.

Wenn Sie nichts daran ändern können, lohnt sich die Aufregung doch sowieso nicht. Aber wenn Sie eine

Änderung herbei führen können, dann tun Sie das umgehend.

Durch Wutausbrüche schieben Sie die Lösung nur auf, da können Sie genauso gut direkt an die Arbeit gehen und die Gelegenheit beim Schopf packen.

Die selige Mutter Teresa sagte einst diesen schönen Satz:

„Lasse nie zu, dass du jemandem begegnest, der nicht nach der Begegnung mit dir glücklicher ist."

Wenn man sich vergegenwärtigt, dass diese wundervolle Frau einen solch tollen Satz verinnerlicht hat, obwohl Sie in Kalkutta, in einem der größten Elendsvierteln der Welt, kranken Menschen geholfen hat, sollte man nicht so schnell verdrossen sein und sich damit vor einem Magengeschwür schützen.

Hier finden Sie einige Lösungsvorschläge für Ihren Aggressionsabbau:

I.) Tiefes Ein- und Ausatmen:

Seien Sie sich Ihres Problems bewusst und atmen Sie dabei tief ein. Dann halten Sie für ungefähr drei Sekunden die Luft an und stellen sich beim tiefen Ausatmen vor, dass ihr Problem gelöst wird. Wenn Sie dies fünfmal wiederholen, dürfte sich bereits eine Besserung einstellen.

II.) Bewegen Sie sich:

Ob Sie joggen gehen oder einfach nur eine Runde bei bewusster Atmung um den Block gehen. Jegliche Bewegung an der frischen Luft und die damit verbundene Sauerstoffaufnahme bewirkt den Abbau von Ihren Aggressionen.

III.) Die Kontrolle behalten:

Vielleicht ist dies die schwierigste Art, Ihre schlechte Laune auf das Abstellgleis zu schieben.

Entschließen Sie sich dazu, Ihre emotionale Anspannung direkt in positive Energie umzuwandeln. Sie können beispielsweise ganz bewusst zu sich selbst sagen: „Ich will Herrn Müller nicht den Gefallen tun, mich den ganzen Tag über ihn aufzuregen. Ich behalte die Situation nun unter Kontrolle und gehe weiter meiner Arbeit nach."

28. Die Generation 50 plus - ran an die Best-Ager

„Zeige man doch dem Jüngling des edel reifenden Alters Wert und dem Alter die Jugend, dass beide des ewigen Kreises sich erfreuen und so sich Leben im Leben vollende!"

Johann Wolfgang von Goethe, dt. Dichter

Die Zielgruppe der so genannten Best-Ager, das heißt die Menschen mit einem Lebensalter von fünfzig Jahren und aufwärts, wird immer wichtiger und bildet einen eigenen lukrativen Absatzmarkt.

Der Grund dafür liegt darin, dass heute bereits 33 Millionen Einwohner in der Bundesrepublik Deutschland älter als 49 sind. Dies ist immerhin ein prozentualer Anteil von 40, gemessen an der Gesamtbevölkerungszahl in Deutschland.

Die demographische Entwicklung wird dazu beitragen, dass sich dieser Wert weiter erhöhen wird. Schätzungen gehen davon aus, dass im Jahr 2050 sogar 53 Rentner 100 Beschäftigten gegenüber stehen.

Vor diesem Hintergrund sollten Sie sich bereits heute Gedanken darum machen, wie Sie sich diese Entwicklung zu Nutze machen können. Denn diese Zielgruppe birgt viele Vorteile. Sie hat aufgrund ihres Alters und dem damit ersparten Guthaben in der Regel eine hohe Kaufkraft.

Durch ihr Alter können die Best-Ager auf eine hohe Lebenserfahrung zurückgreifen und sind dadurch auch meist qualitätsbewusst. Wenn Sie ihnen diese Qualität bieten, können Sie auf der anderen Seite einen höheren Verkaufspreis rechtfertigen.

Zu guter letzt schätze ich die Damen und Herren ab 50 auch als konsumfreudig ein. Diejenigen, die bereits das Rentenalter erreicht haben, haben nun mehr Zeit um ihren Hobbys nachzugehen und Einkäufe zu tätigen.

Was benötigt diese Bevölkerungsgruppe am meisten?

Nach meiner Meinung können Sie mit diesen Eigenschaften dort einen großen Nutzen spenden:

I.) Einfache Handhabung bei Produkten und Dienstleistungen erzeugt Benutzerfreundlichkeit

Wenn Sie ein Handyhersteller sind, dann fügen Sie Ihrem Mobiltelefon nicht mehr Knöpfe und Funktionen zu, als es benötigt.

Ich ertappe mich immer wieder dabei, wie ich einem Mobilfunk-Berater ins Wort fallen möchte, wenn er mir eine halbe Stunde ausgiebig erklärt, wie viele tolle Funktionen das tolle Handy hat.

Wahrscheinlich geht es den Best-Agern genauso wie mir. Man möchte einfach nur telefonieren und nicht fotografieren, Musik hören, spielen und so weiter.

II.) Mehr Service bieten als Andere

Statten Sie Ihre Verkaufsräume mit genügend Sitzgelegenheiten aus, die dazu einladen, bei einem Kaffe und Zeitschriften, die auf die Zielgruppe abgestimmt sind, zu verweilen. Genügend Zeit bringen diese Menschen meist zum Kauf mit, doch wollen sie diese selbstverständlich sinnvoll und für sie gewinnbringend eingesetzt wissen.

Schulen Sie Ihre Verkäufer explizit auf Ihre Zielgruppe und berücksichtigen Sie dabei alle Vorlieben der Best-Ager wie zum Beispiel: Ruhe, Gelassenheit und einen souveränen Umgang mit ihnen.

III) Barrierefreiheit

Versperren Sie niemandem mit unzähligen Treppen oder Hindernissen den Weg in Ihre Geschäftsräume. Das ist natürlich eine Selbstverständlichkeit. Was für mich aber auch zum Thema Barrierefreiheit zählt, sind mentale Barrieren.

Wenn Sie vor lauter Werbehinweisen die eigenen Produkte in den Hintergrund drängen, wird Ihre neue Zielgruppe erst gar nicht mehr die Motivation aufweisen, Sie nach den Eigenschaften Ihrer Verkaufsobjekte zu fragen.

Anstelle eines Plakats, mit folgender Aufschrift:

Neuestes Mobiltelefon: Flatrate mit 960 kb/s, 3 MP-Kamera mit 8-fach optischem Zoom, 36 MB-Speicherkapazität, mp3-kompatibel, u.v.m.

Vielmehr sollte es für Ihre anvisierte Zielgruppe so ausschauen:

Neuestes Mobiltelefon: tolle Klangqualität, sehr benutzerfreundlich durch übersichtliche Funktionen, kostenlose Einweisung durch unser Personal

29. Ehrlich währt am längsten

„Jede kleine Ehrlichkeit ist besser als eine große Lüge."

Leonardo da Vinci, ital. Maler

Bleiben Sie stets bei der Wahrheit, denn es zahlt sich immer für Sie aus.

Vielleicht bringt Ihnen die Ehrlichkeit keine schnellen und kurzfristigen Erfolge, aber auf lange Sicht wird es sich mit Sicherheit für Sie lohnen.

Wenn man es mit der Wahrheit nicht so genau nimmt, bekommt man es mit dem Schneeball-System zu tun. Es handelt sich dabei nicht um die bekannten Kettenbriefe, die in den 80er Jahren Hochkonjunktur hatten. Nein, es geht viel mehr darum, dass man eine Lüge, in Form von einem kleinen Schneeball, so lange vor sich her schiebt, bis daraus eine große Kugel geworden ist, die man alleine nur noch schwer aus dem Weg räumen kann.

Ich erzähle Ihnen einmal ein positives Beispiel aus meiner beruflichen Praxis:

Eine Kundin benötigte für Ihre Tochter kurzfristig eine Auslandsreise-Krankenversicherung, da diese im nächsten Monat ein Auslandssemester in Australien absolvieren sollte.

Den Versicherungsschutz konnte ich der Tochter bieten. Es gab aber eine Kehrseite der Medaille, zumindest für meine Kundin. Die Versicherung konnte, bei der Versicherungsgesellschaft, die ich vertrat, leider nur für die Dauer von zwei Jahren abgeschlossen werden.

Nun hätte ich einfach Stillschweigen bewahren und die Provision für zwei Jahre einheimsen können. Ich entschied mich aber bewusst dagegen und sagte der Mutter, dass man diesen Vertrag nur auf Zweijahresbasis abschließen könne, obwohl Ihre Tochter die Absicherung nur für ein halbes Jahr benötige.

Meine Kundin fand mein Verhalten „vorbildlich im Sinne des Kunden". Zwar schloss sie die Versicherung bei einem anderen Unternehmen ab, empfahl mich aber einer guten Freundin, bei der ich anschließend die ganze Familie finanziell absicherte, wovon ich durchaus profitierte.

Ein anderes Beispiel für Ehrlichkeit greift das Kapitel in meinem Buch auf, in dem ich darauf hinweise, dass Sie sehr viel von Kindern lernen können. Diese haben zwar nicht die Lebenserfahrung, die Sie als Erwachsener bereits an den Tag legen, aber gerade deshalb agieren sie wesentlich ungehemmter und auch ehrlicher mit sich und ihrer sozialen Umwelt.

Nehmen wir doch beispielsweise das Thema Diplomatie. Nicht nur, dass Kinder mit diesem schwierigen Wort in der Regel noch nichts anzufangen wissen. Nein, sie richten auch ihr Leben noch nicht danach aus, sich stets diplomatisch gegenüber ihren Mitmenschen zu verhalten.

Ich rate Ihnen nun nicht, sich in der nächsten Zeit wie die sprichwörtliche Axt im Wald zu verhalten und Ihrem Vereinskameraden mit dem Spruch: „Hey Jupp, toller Trainingsanzug! Weiß der Sepp Herberger, dass Du den von ihm ausgeliehen hast?" zu imponieren.

Aber wenn Sie nicht alles bierernst nehmen und ein gewisses Maß an Diplomatie zu Gunsten Ihrer eigenen Meinung wegfallen lassen und dies noch mit ein wenig Selbstironie garnieren, könnte dieses Verhalten mit Sicherheit auch die ein oder andere Frucht tragen.

30. Bodenständig und respektvoll

„Wer will, dass sein Sohn Respekt vor ihm und seinen Anweisungen hat, muss selbst große Achtung vor seinem Sohn haben."

John Locke, engl. Philosoph

Die Bodenhaftung sollte man meiner Meinung nach aus verschiedenen Gründen nicht verlieren.

Der wichtigste Grundsatz für Erfolg, ist, dass dieser durch Fleiß, Willen, Durchhaltekraft und andere Faktoren positiv beeinflusst werden kann.

Es ist aber keineswegs so, dass ich Erfolg als selbstverständlich ansehe. Da gibt es, wenn Sie mich fragen, höhere Instanzen, denen man stets dankbar dafür sein sollte, was man hat.

Ich erzähle unseren Kindern immer wieder davon, dass ich Gott dafür danke, dass er uns unseren jetzigen Lebensstil ermöglicht. Damit meine ich die Erfüllung der Grundbedürfnisse, wie stets genug Essen zu haben oder einer Arbeit nachgehen zu können, die es einem ermöglicht im eigenen Haus zu leben.

Neulich habe ich einen sehr schönen Beitrag eines Komödianten gehört, der sinngemäß folgender maßen lautete:

„Ich hebe nicht ab, ich bleibe immer auf dem Teppich...aber mein Teppich, der kann fliegen..."

Das veranschaulicht auf nette Weise, dass sich sehr viele mit dem Thema Bodenständigkeit befassen. Viele nehmen es anscheinend dabei nicht so genau und manch einer mogelt auch gerne bei der Bodenhaftung.

Sie können aber nicht abheben und die Bodenhaftung verlieren, wenn Sie gleichzeitig dankbar dafür sind, dass Sie nicht in einem armen Land wie Äthiopien leben und abends stets mit Hunger einschlafen müssen.

Diese Erdung ist mir persönlich sehr viel wert. Wenn Sie dies Ihre Mitarbeiter ebenfalls spüren lassen, können Sie durch ein positives Vorbild einen sehr wichtigen Wert in Ihrem Unternehmen etablieren.

Kommen wir nun zu einem wesentlichen Punkt: dem Respekt.

Es gibt ein tolles Lied, das einen Straßenkehrer an einem Bahnhof in einem asiatischen Land beschreibt.

Man sieht diesem Arbeiter an, dass er seine Arbeit mit einer gehörigen Portion Würde und sogar Stolz erledigt.

Warum auch nicht? Wissen wir denn, ob es vielleicht der Straßenkehrer ist, der seine Arbeit von allen am schnellsten, gründlichsten oder effektivsten verrichtet?

Nein, wir wissen es eben nicht. Aus genau diesem Grund sollten wir aber erst einmal davon ausgehen und ihm unseren Respekt entgegen bringen, den er verdient hat, wenn er seine Sache ordentlich macht.

Generell hat jeder diesen Respekt verdient, bevor er uns vom Gegenteil überzeugt hat, das heißt, seine Sache nicht gut erledigt.

Wenn Ihnen das zu schwammig ist, dann gebe ich Ihnen noch ein weiteres Argument an die Hand, dass Sie eventuell davon überzeugt, jedem Mitmenschen Respekt entgegen zu bringen.

Man sieht sich immer zwei Mal im Leben, oft sogar noch öfter.

Wissen Sie denn, ob der heutige Tellerwäscher nicht im nächsten Jahr, durch Fleiß, Willen und andere nötigen Eigenschaften zum buchstäblichen Millionär aufsteigt, mit dem Sie gerne Ihre Geschäfte abwickeln möchten?

Ich hoffe, mein erstes Argument hat Sie bereits überzeugt und ich bin mir ganz sicher, dass Ihnen diese zusätzliche Portion Respekt einiges an Ertrag einbringen wird, wenn Sie diesen nicht ohnehin schon jedem Menschen entgegen bringen.

31. Mehr Energie & Erfolg durch Fokussierung & Zielhierarchien

„Sobald der Geist auf ein Ziel gerichtet ist, kommt ihm vieles entgegen."

Johann Wolfgang von Goethe, dt. Dichter

Woran orientiert sich ein Marathonläufer bei seiner Energieeinteilung? Wie plante Barrack Obama seinen erfolgreichen Wahlkampf in den USA? Wie gliederte die wahrscheinlich erfolgreichste Autorin unserer Zeit, J.K. Rowling, Ihre Harry Potter-Geschichte?

Die Antwort auf all diese Fragen lautet:

In Etappen!

Sie können sich nach dem Zufallsprinzip bekannte Persönlichkeiten aus allen Wirtschafts- oder Politikzweigen heraus picken. Alle werden mindestens diese eine Gemeinsamkeit vorweisen können. Sie bündeln all Ihre Energie, um Ihr Ziel durch ganz klare Fokussierung zu erreichen.

Um beim Präsidenten der USA zu bleiben, wird dieser aber wohl kaum am Anfang seiner Highschool-Zeit morgens aufgestanden sein und gedacht haben: „Ich werde Präsident der Vereinigten Staaten von Amerika." Nein, viel eher wollte er Basketballprofi werden und wurde erst 1992 in Chicago politisch aktiv. 1996 wurde er in den Senat in Illinois gewählt und ab diesem Zeitpunkt kann man verfolgen, dass er sich peux-a-peux zu seinem Ziel vorarbeitete, nämlich am 20. Januar 2009 der Präsident der Vereinigten Staaten von Amerika zu werden.

Alle Etappen wurden erfolgreich von Barrack Obama absolviert, weil er stets sein großes Ziel vor Augen hatte, sich aber nicht daran festgebissen, sondern seinen Weg in mehrere Stücke zerlegt hat und Stück für Stück jedes Etappenziel anvisiert und erreicht hat.

Um überhaupt dort hin zu gelangen, müssen Sie eine ganz klare Mission vor Augen haben und selbstverständlich genauestens wissen, wozu, vor allem aber wozu Sie *nicht* stehen.

Dann können Sie Ihren Weg in mindestens drei Stufen der Erreichung unterteilen:

I) Ziel des Tages

Sie teilen Ihren Tagesablauf in verschiedene Einheiten auf, mit dem Ziel am Ende des Tages etwas umgesetzt, beziehungsweise erreicht zu haben. Sie müssen dazu nicht das Rad neu erfinden. Es können auch ganz banale Dinge sein, wie zum Beispiel am Ende des Tages, Ihren Schreibtisch von Stapeln befreit und Ihre offenen Vorgänge danach in drei Kategorien unterteilt zu haben.

II) Glanzlichter

Vergleichbar mit dem Feuerwerk, dass Sie sich jedes Jahr zum Ausklang des alten und Anfang des neuen Jahres anschauen, setzen Sie sich nun so genannte Glanzlichter, die Sie erreichen möchten. Das kann zum Beispiel eine neue Fremdsprache sein, die Sie innerhalb eines Jahres erlernen möchten, weil Sie Ihnen unter anderem bei der Erreichung Ihres großen Zieles behilflich sein kann.

Oder aber auch eine neue Strukturierung Ihres Vertriebes, die Sie bisher stets auf die lange Bank

geschoben haben, weil Sie sich nicht die Zeit dafür genommen haben, obwohl Sie insgeheim wussten, dass Sie ohne diese Umstellung langfristig einen Nachteil gegenüber Ihren Mitbewerbern haben würden.

III) Das große Ziel

Hier steht nun Ihr, über allem thronendes Ziel. Vielleicht gelingt es auch dem ein oder anderen, nur diesen Herrschersessel vom Anfang seines Schaffens bis zum Ende im Visier zu haben, dieses Ziel zu verfolgen und es auch wirklich zu erreichen: Chapeau!

Den meisten und so auch mir, wird es allerdings nicht möglich sein, denn im Normalfall ist dieses Ziel zu abstrakt, da es unvorstellbar groß und weit weg und dadurch einfach nicht greifbar ist.

Gehen Sie also deswegen Schritt für Schritt Ihrem Ziel entgegen. Ich bin mir sicher, dass Sie es unter Aufwendung von Herzblut und Ehrgeiz erreichen werden.

Ich wünsche Ihnen zum Abschluss dieses Buchs von Herzen alles Gute für Ihre Zukunft und ein gutes Gelingen bei der Umsetzung meiner erfrischend anderen Vorschläge.